［増補］決定版・日本史

渡部昇一
Shoichi Watanabe

装　幀…村橋雅之
帯写真…難波雄史

「われわれはどこから来たのか、われわれは何者か、われわれはどこへ行くのか」という問いが発せられるとき、その答えのヒントとなるもの、それが自分の国の歴史である。

幸いにして日本には世界に誇れる歴史がある。この素晴らしい歴史を鑑《かがみ》として、今一度、誇り高き日本を取り戻さなくてはならない。それはこの時代を生きる日本国民全員に与えられた使命であると思うのである。

旧版まえがき――日本の通史を初めて一冊の本に著した理由

英語学史を中心とするイギリス国学史を専門とする私が、日本の歴史を書くようになったことには変わったきっかけがあった。それは一九六〇年代の終わり頃に、私にはフルブライト・ヘイズ法招聘《しょうへい》教授としてアメリカの四つの州の六つの大学で講義するという機会があったからである。そのときに出会った日本人の留学生や、日本人の若い講師と話してみて驚いたことは、日本の歴史についてまるで無知に等しいということであった。

今から四十年も前にアメリカに留学している人、あるいはその留学に成功してアメリカの教壇に立っている人は、明らかに日本のエリートというべき青年たちだ。その人たちが、自分の国の歴史についてはほとんど何も教えられていなかったのである。私よりたった七、八歳か十歳ぐらい若いだけなのに、そこに明らかな「伝統の断絶」が感じられた。

この人たちは敗戦の日本は悪い国であり、アメリカに比べると弱小・後進の国で、そんな国の歴史など学ぶに値しないというような育ち方をしているらしかった。日米開戦の引き金が石油禁輸にあったことをも知らない日本人の若い社会学講師もいた。

それで帰国後まもなく、私が「海外に行く日本人は、日本の歴史についてこれぐらいは知っておいてもらいたい」という気持ちで書き下ろしたのが『日本史から見た日本人――アイデンティティの日本史』（昭和四十八年＝一九七三年）であった。これは評判がよく、また、古代編ということで、後に中世編、その後休筆していたが昭和天皇のご崩御《ほうぎよ》に際して昭和編まで出した。いずれもロングセラーとなって続いていた。

そこで去年から今年にかけてWAC社から七巻（図録年表を入れて全八巻）を出していただいた。現代において浩瀚《こうかん》な日本史は珍しくない。しかしそれに参加する執筆者は多数である。その個人の論文の価値は高くても必然的に「史観」は欠如している。ここで私は、尊敬するオーウェン・バーフィールドの指摘する「国史」と「史実」の研究の違いを思い出すのである。その主旨の大要は次のようなものである。

「雨上がりの空には無数の細かな水滴がある。そこで美しい虹を見るためには、適当な方向と距離が必要である。歴史上の事実も毎日起こる無数の事件だ。その事件の一つ一つを調べても、その国の〝国史〟といえる国民の共通表象は生じない。それは水滴をいくら調べても虹にならないのと同じことだ」

個々の歴史的事実についての丹念な研究は尊い。しかし、それだけでは国史という虹は生じない。無数の歴史的事実から自分の国の美質を示すのは史観である。無数の事実を見るための正しい視線の方向と距離が必要なのである。

逆説的になるが、私は日本史の素人《しろうと》であるからそれができたと思う。私はイギリス国学史の重要な分野で、文献資料に関係する研究をやってきたので、日本史の学者の論考を見ても、その方法論や資料の用い方の正しさや不適切さは見抜くことができたと思う。

一例を挙げれば、ごく最近のことになるが、女系天皇論について小林よしのり氏と論争したとき、彼の論拠となっていた田中卓氏（皇學館大学の学長もなさった日本古代史の権威とされている人）の論拠を、ことごとく文献的に論破するのに苦労はなかった。近代ヨーロッパの文献学は、聖書の原典研究が重要な推進力であったから極めて厳密である。一つの単語の解釈の差が、戦争や処刑の原因にもなったからだ。若い頃に西洋文献学の中核部に触れる研究の大家であったカール・シュナイダー先生にご指導いただいたことを今なお深い感謝の念をもって思い起こす次第である。

また英語学を専攻した私の関心を、日本史にも結びつけてくださった中学・高校の英語の恩師佐藤順太先生にも改めて感謝の念を捧げたい。先生は日本の古典にも通じておられ、ご自宅にお伺いするたびに刺激を受けたものであった。ある日、散歩のお伴をして春日神社の前を通ったとき、「春日様《かすがさま》ってどんな神様なんでしょう」と、いたって幼稚な質問を私は口にした。春日神社のお祭りは郷里の町でも盛大で、子供のときから楽しみにしていたものだったが、それがどんな神様なのか考えたことがなかったのである。それが大学英文科の二年生頃にふと疑問として出たのであった。すると順太先生は即座に答えられた。

「アメノコヤネノミコトだよ。天《あま》の岩戸《いわと》の前で祝詞《のりと》をあげたといわれる神様で、藤原氏の先祖さ」

このとき、「天の岩戸」という神話と、「藤原氏」という国史上の大勢力が、今も生きている形で結びついていることを実感したのである。これが私の日本史への関心の本格的な出発であったと思う。それから六十年も経つが、いつも日本史の文献は読み続けてきた。特にドイツに留学中の三年間は、日本学のカーロー先生のお手伝いをすることもあって、両部《りょうぶ》神道に対する外国人学者の興味の視点を知らされたり、先生から知識の不足を馬鹿にされないように辻善之助先生の『日本文化史（七巻）』などを精読したりしたものだった。

このようなことから、WAC社の鈴木隆一社長から、「日本の通史のようなものを七、八巻で書いてみませんか」といわれたとき、喜んでお引き受けしたのである。史実は無数にあるから、何を書くかより、何を書かないかという選択のほうが大変だった。ともかく一人で日本通史を書くということは、専門の日本史の学者はやりたがらないだろうと思われるが、私にとっては原勝郎《かつろう》先生以来の名誉ある仕事だと思われたのである。

通史には史観が要る。虹を見るには特定の視線が必要なように。私の日本史観の特徴といえるものは次の二点ではないかと思う。

第一は、王朝の断絶がない日本では、神話の伝承は歴史研究から切り離せない。

第二は、日本の国体（国の体質、英語ではコンスティテューション）は、断絶したことはないが、大きな変化は五回あり、今は六回目の変化を待っている時代である。

つまり日本の歴史上の無数の事件を、この二つの視点――さらに簡単にいえば皇室のあり方の変化という一つの視点――から目をそらすことなく解釈しようとしたものである。

WAC社の七巻が完成する頃、育鵬社の歴史教科書『新しい日本の歴史』にも参考意見を述べるように頼まれた。そのとき私は、「国史という美しい虹が見えるようなものを作ってください」とお願いした。特に取り上げてお願いしたことは、東京裁判の全権所有者で、日本を裁く側の頭目《とうもく》であったマッカーサーが、帰国後、アメリカ上院の軍事外交合同委員会という最も公的な場所で「したがって彼ら（日本人）が戦争に飛び込んでいった動機は、大部分が安全保障（自衛）の必要に迫られてのことだったのです(Their purpose, therefore, in going to war was largely dictated by security)」（小堀桂一郎編『東京裁判日本の弁明』講談社学術文庫より）と証言したことを、コラムのように囲んで教科書に入れてほしいということだった。

しかし文科省の教科書調査官は、これを許さないのだという。しかし日本を侵略国と公式に断定したのは東京裁判だけである。その裁判をやらせた最高責任者が、「あれは自衛戦だったのだ」と公的な場所で証言してくれたのである。これは「意見」でなく「史実」、しかも戦後の日本における最重要な史実なのであるからこれを掲載させないのは不思議である。強《し》いて善意に解釈するならば、このマッカーサーの文言を育鵬社の教科書が入れると、他社の歴史の教科書がすべてボロクズになることを、文科省の教科書調査官は心配してあげたのであろう。

しかし、すべての日本国民は、今後も日本史の教科書にはマッカーサーのこの証言を入れることを休むことなく要求し続けるべきだと思う。

日本史に対する私の史観は、相当詳しい史実とともにＷＡＣ社の八巻に収録してある。しかし、私には一冊本の通史がないので、育鵬社の歴史教科書『新しい日本の歴史』の副読本、いわば〝大人のための歴史教科書〟ともなる形で出版したいというお話をいただいたので、ここにまとめた次第である。日本史の大きな流れを知り、そのエッセンスを学びたいという読者の方々には、格好のテキストともなろう。さらに詳しい内容については、ＷＡＣ社で刊行した通史に述べているので、興味を持たれた事項については、ＷＡＣ社本をお読みいただければ有り難いと思う。

本書の企画を立て、編集を担当してくださった育鵬社の大越昌宏氏に感謝いたします。

平成二十三年六月朔日

渡部昇一

文庫版への序文

この日本通史というべき本が出てから数年しか経っていない。それなのに日本の内外の状況はめざましく変化した。

日本の内部の変化を言えば安倍第二次内閣が成立したことであるが、その内閣の変化を必要とさせるような状況が生じていたのである。それは福島の原発事故だ。その始末はまだついていない。日本の原発はこの原稿を書いている時点ですべて停止したままである。このままでは日本はエネルギー問題で確実に衰退する。代替エネルギーの話はいろいろ出ているが、まだ問題にならない。大産業国家としての日本を支える基本は電気である。日本中の川をせき止め、多くの村を湖底に沈めてつくった水力発電も、現在の日本のたった九パーセントぐらいの電気需要を満たすぐらいのものなのだ。

われわれは今あらためてエネルギー問題に立ち向かう必要があるであろう。過去においても、近代日本の最大問題はエネルギーだったのであり、そのため大戦に突入し、そのため敗戦を体験したことを私の世代はまだ鮮明に記憶している。

日本の外の状況もめざましく変化してきている。すでに民主党内閣の時から顕《あらわ》になった中国の海洋進出欲は、尖閣《せんかく》諸島のみならず、ベトナムやフィリピンとも問題を起こしている。それで一度フィリピンを去ったアメリカ軍もその基地に戻り、また新しくベトナムにも基地を持とうとしている。習近平《しゅうきんぺい》は大漢民族の威信を取り戻すなどと公言している。これは侵略戦争開始宣言に等しいものである。そのためか韓国も中国べったりの姿勢だ。アジアのみならず、ヨーロッパでも状況は変わってきた。ウクライナ問題はロシア問題であり、EUやアメリカの問題になっている。そのロシアは中国との結びつきを強めるような姿勢だ。何だか日清戦争以前の形を思わせる事態になっている。

このようなときに、われわれに必要なことの一つは歴史的知識であろう。それは迂遠《うえん》のようでありながら、そうでもないのである。たとえばアメリカが日本の「戦後レジームからの脱却」を喜ばず、それは戦後体制、つまり枠《わく》組みを変えるものだというとき、効果的なのは、われわれはマッカーサーの上院での証言を相手に示すことであろう。日本悪者観は成立せず、戦前の日本は立派だったとも言えるのである。

特にこのマッカーサー証言は中国に対しても甚《はなは》だ有効である。中国はかつてアメリカと共に日本を敵として戦ったことを強調し出している。これは危険だ。大戦の後に、朝鮮戦争やベトナム戦争があり、そこでは中国とアメリカはお互いに敵だったことを忘れさせようという大戦略だからである。中国はたった四分の一世紀前の「天安門虐殺《てんあんもんぎゃくさつ》弾圧事件」を自分の国民にも忘れさせようとしている国なのだ（そしてあの事件を知らない世代が出ているのである）。こういう国には絶えず歴史的事実を突きつけ続ける必要があるだろう。日本を裁くための東京裁判ですら、中国に対する開戦責任が日本にないことを認めていることを突きつけるべきだ。さらに漢民族の大帝国復活と言ったら、「それは元《げん》（蒙古《もうこ》王朝）や清《しん》（満洲族《まんしゅうぞく》王朝）のことですか」と突っ込む必要があるだろう。また古代文化を自慢するなら、「孔子《こうし》、孟子《もうし》、老子《ろうし》、荘子《そうじ》などのいた頃のシナ大陸の民族はとっくに消えてしまって、今の中国人とは人種的に連《つら》ならないんですよ」と指摘してやるべきだ。

そういうときに日本の歴史は光を放つのだ。最近も、天照大神《あまてらすおおみかみ》のご長男・天忍穂耳尊《あまのおしほみみのみこと》の子孫の高円宮《たかまどのみや》家の女性と、同じ天照大神のご次男・天穂日尊《あまのほひのみこと》の子孫の出雲大社《いずもたいしゃ》の禰宜《ねぎ》との婚約が発表された。何と素晴らしいことか。建国三百年もならないアメリカと、建国八十年にもならない中華人民共和国の歴史との対比の何と鮮明なことか。日本は神話の時代の文明が、今なお最も進んだ文明圏をつくっているのだ。共に祝福し合おうではないか。読者諸君！

平成二十六年六月六日

渡部昇一

〔増補〕決定版・日本史

◉目次◉

第二章　中世　「民の暮らし」を意識した武家政権が誕生した

第三章 近世 新時代は信長の比叡山焼き討ちから始まった

第四章　近代
日本は西欧のアジア植民地化に立ち向かった

第五章 現代 自分の国の歴史を再び問い直す

第一章

古代

日本人のメンタリティはこうしてつくられた

◉歴史には二つの見方がある

一国の歴史を語るとき、二つの角度からの見方がある。

一つは考古学的な発掘からはじまるもの、もう一つは文献からはじまるものである。考古学的な観点からいうと遺跡等の発掘が非常に重要になるが、それが歴史にどう結びつくかはしばしばわからないものである。

例えばイギリスにストーンヘンジという石の遺跡があるが、それをつくった人たちがどういう種族であるか、何を考えてつくったのかは全くわかっていない。ストーンヘンジの発見はイギリスという島の歴史を語る資料とはなっても、イギリス人の歴史にはならないのである。

ユダヤ人の場合も同様で、今の中近東あたりの古代ユダヤ遺跡をいくら発掘してもユダヤ人については何もわからない。ユダヤ人について知ろうと思えば、やはり旧約聖書などの文献を読む必要があるのである。

これはどこの国についても同じことで、考古学的発見だけでは歴史は語ることができないのである。

日本においては戦後、非常に考古学的な要素が重視されている。日本各地で新たな遺跡が発掘されると、大きなニュースになる。それはそれとして貴重な資料となるが、それによって日本人の歴史が明らかになるわけではない。歴史という立場でいえば、日本人の先祖がどういう人間で、何を考え、何を伝承してきたかを追究するほうがより重要になる。

そうすると、日本の国にとって特に重要な文献は神話といわれるものである。ただし、どこの国にも神話は存在するが、他の国にとって、神話と歴史とはほとんど関係ないと考えてよい。なぜならば、神話の時代とその後そこに住んでいる人たちは民族が違っているし、もちろん王朝も違っているからである。

例えばギリシャ神話はそれ自体としては大変面白いが、その後のギリシャの王朝や今のギリシャ王国とは何の関係もない。ただ同じ地域に大昔にあったという話にすぎないのである。これは中国の場合も似たようなものである。

ところが日本の場合は、神話が今現在も続く王朝（天皇家）に直結している特異な国であり、それゆえ神話は特別の意味を持っている。それを明治の頃までの学者たちはよく心得ていた。そのため、東大の講義でも日本の歴史は神話からはじまっていた。それは神話を事実として信ぜよ、というのではない。神話に書かれている内容と歴史とがリンクする部分についてはいろいろな解釈があるが、何よりも重要なのは、そこに書かれた伝承が今の皇室まで一本線でつながっているという点なのである。

◉日本の神話が「国をつくった」ではなく「島国をつくった」で始まるのは？

では、日本の神話にはどう書かれているのか。それはまず日本が島国であったというところからはじまっている。神様がこの島国をつくられたというのであるが、これはどこの国の神話を見ても、神のような存在がこの世をつくったという話になっている。その点では似たようなものである。

ただ、日本の神様は単に「国をつくった」というのではなく、「島国をつくった」と明確に書いてある。そしてつくった島の名前も詳細に書いてあり、そこに佐渡島《さどがしま》まで出ている。ここから、日本の王朝を立てた民族は少なくとも船で日本を回った経験があるであろう、という推測ができる。

すなわち騎馬民族説というのははじめから成り立たないのである。したがって、日本の皇室を中心とする支配民族、後に大和《やまと》朝廷をつくり日本の国の根幹となった人たちは、だいたいは南方系と考えてよいだろう。

その理由として、京都大学の原勝郎《かつろう》博士は日本の政財界・学界の要請に従って英文で書き、英米で出版した大著『日本史入門』（『An Introduction to The History of Japan』・一九二〇年）の中で、次の四つの理由を挙げている。

第一に住宅のつくり方が高床式《たかゆか》になっている。記紀（古事記と日本書紀）には先住民族が穴の中（竪穴《たてあな》住居）に住んでいたというような記述が見られるが、日本をつくった民族は高床式住居に生活している。高床式は冬の寒さをしのぐよりも夏に涼しさを求める建築様式であり、そこに暮らした人々が明らかに南方系であることを示唆している。

第二の理由は、日本人の米に対する異常ともいえる執着心である。それは近代になって北海道のような寒冷地にも米を作るという情熱に変わったが。米はご存じのように南方植物であって、これはいわゆる騎馬民族の国に生えるものではない。

第三に勾玉《まがたま》というものが考古学的には重要である。というのは、勾玉は百済《くだら》と日本にしか発見されていないからである。ここから推測されることは、おそらく南のほうからやってきた民族がやや北のほうに逸《そ》れていったのが百済、すなわち朝鮮南部に住み、主力は九州に上陸し、そこから大和地方にも行ったのではないか、ということである。

事実、神話の記録はすべてそこからはじまっていて、初代の天皇である神武《じんむ》天皇も大和に向かうときは船でずっと海岸伝いに進んで行ったことが書かれている。

第四の理由としては、宗教の儀式で禊《みそぎ》が重要視されることである。禊とは水をかぶるものだから、これは南方系の儀式と考えて間違いない。

これら四つの理由は、いずれも日本人の実感として無理なく理解できる説明になっているといえるだろう。

◉皇室の始まりについて

皇室の起源に関しては、今でも伊勢神宮が尊ばれ、多くの神社が生きていることを見逃すわけにはいかない。これも昔からの伝承を伝えておく必要があるだろう。

日本の神話では、最初の神様は男女の別がない。それが伊弉諾尊《いざなぎのみこと》・伊弉冉尊《いざなみのみこと》から男女神に分かれて、その男女の神が日本列島の島々をつくったことになっている。

そして伊弉諾尊《いざなぎのみこと》・伊弉冉尊《いざなみのみこと》には三人の子供が生まれる。後に天照大神《あまてらすおおみかみ》といわれる大日孁貴《おおひるめのむち》、それから月読尊《つくよみのみこと》、素戔嗚尊《すさのおのみこと》である。このうち月読尊《つくよみのみこと》は神話ではほとんど語られることがないが、これが南方から来た民族の系譜だとすれば、再び故郷に戻ったものと考えることもできるだろう。

また、女神である天照大神と素戔嗚尊《すさのおのみこと》は姉弟の関係だが、「誓約《うけい》」という関係にある。その間に子供が生まれたことが伝えられている点から、この「誓約」とは「結婚」を意味していると考えられる。そして五人の男の子と三人の女の子が生まれる。男の子は天照大神が、女の子は素戔嗚尊《すさのおのみこと》が引き取ったと伝えられている。

神話では、その後、素戔嗚尊《すさのおのみこと》が乱暴を働き高天原《たかまがはら》から追われたことになっている。このときから天照大神の天孫降臨系《てんそんこうりんけい》（大和族）と素戔嗚尊《すさのおのみこと》の出雲系《いずもけい》（出雲族）に分かれたと考えられる。そして天照大神が引き取った男の子の子孫が神武《じんむ》天皇へとつながるのである。

素戔嗚尊《すさのおのみこと》が引き取った三人の女神は安芸《あき》の宮島にある厳島《いつくしま》神社に祀《まつ》られ、さらに北九州の宗像《むなかた》神社にも祀られている。特に田霧姫命《たぎりひめのみこと》は朝鮮半島と日本の間に浮かぶ沖つ島に祀られているが、この島の祭祀《さいし》跡からは古墳時代の遺物が多数発見されている。おそらく素戔嗚尊《すさのおのみこと》はここから追われて一時は朝鮮半島に行ったのではないかと推測できるが、また戻ったという伝承も残っている。

一方、天照大神の子孫は、すべて男の子にそれぞれの女神が結びつく形で男系継承になっている。天照大神は五人の子の中でも正勝吾勝勝速日天之忍穂耳命《まさかつあかつかちはやひあまのおしほみみのみこと》を特に愛されたといわれる。この方が高皇産霊尊《たかみむすひのみこと》の娘と結婚し、そこから饒速日命《にぎはやひのみこと》と瓊瓊杵尊《ににぎのみこと》が生まれる。そして、この瓊瓊杵尊《ににぎのみこと》という天照大神の孫にあたる方が高天原から天孫降臨して日本に来たと伝わっている。

瓊瓊杵尊《ににぎのみこと》は木花開耶姫《このはなさくやひめ》と結婚する。木花開耶姫は大山祇神《おおやまつみのかみ》の娘といわれるが、おそらく当時の土着の有力部族の娘と考えてよいだろう。二人の間には三人の男児が生まれるが、その中の二人が後の世に知られる海幸彦《うみさちひこ》・山幸彦《やまさちひこ》である。

この三人の男児のうち山幸彦があとを継ぎ、豊玉姫《とよたまひめ》という海神《わだつみ》の娘と結婚をする。そこから生まれた鸕鷀草葺不合尊《うがやふきあえずのみこと》も玉依姫《たまよりひめ》という、やはり海神の娘をもらったことになっている。この海神というのは、その頃の瀬戸内海あたりにいた海賊のような海辺の部族だったと考えてよいだろう。

そして、この鸕鷀草葺不合尊《うがやふきあえずのみこと》と玉依姫《たまよりひめ》から生まれたのが神武天皇である。

これは神話であり厳密には解釈できないが、そのように伝承されていると皇室の起源が明快に語られていることは重要である。

◉日本の建国の精神となっている神武天皇の教え

神武天皇は「東征《とうせい》」を行って大和《やまと》朝廷を打ち立てた人物である。神話の系図の最後に現れるところから、ギリシャ神話でいえばアガメムノンに相当するといえよう。

神武天皇は今の大阪湾のあたりから生駒《いこま》山を越えて大和のほうに進もうとするが、その土地を支配していた豪族、長髄彦《ながすねひこ》の軍隊と激しい戦いになる。このとき兄の五瀬命《いつせのみこと》が深傷《ふかで》を負ったため、いったん船で紀州へ向かい、改めて大和に入る。ちなみに、五瀬《いつせの》命《みこと》は紀国《きのくに》の竈山《かまやま》というところで亡くなっている。

神武天皇が長髄彦《ながすねひこ》と戦ったときの神話に金の鵄《とび》の話がある。これは金の鵄が神武天皇

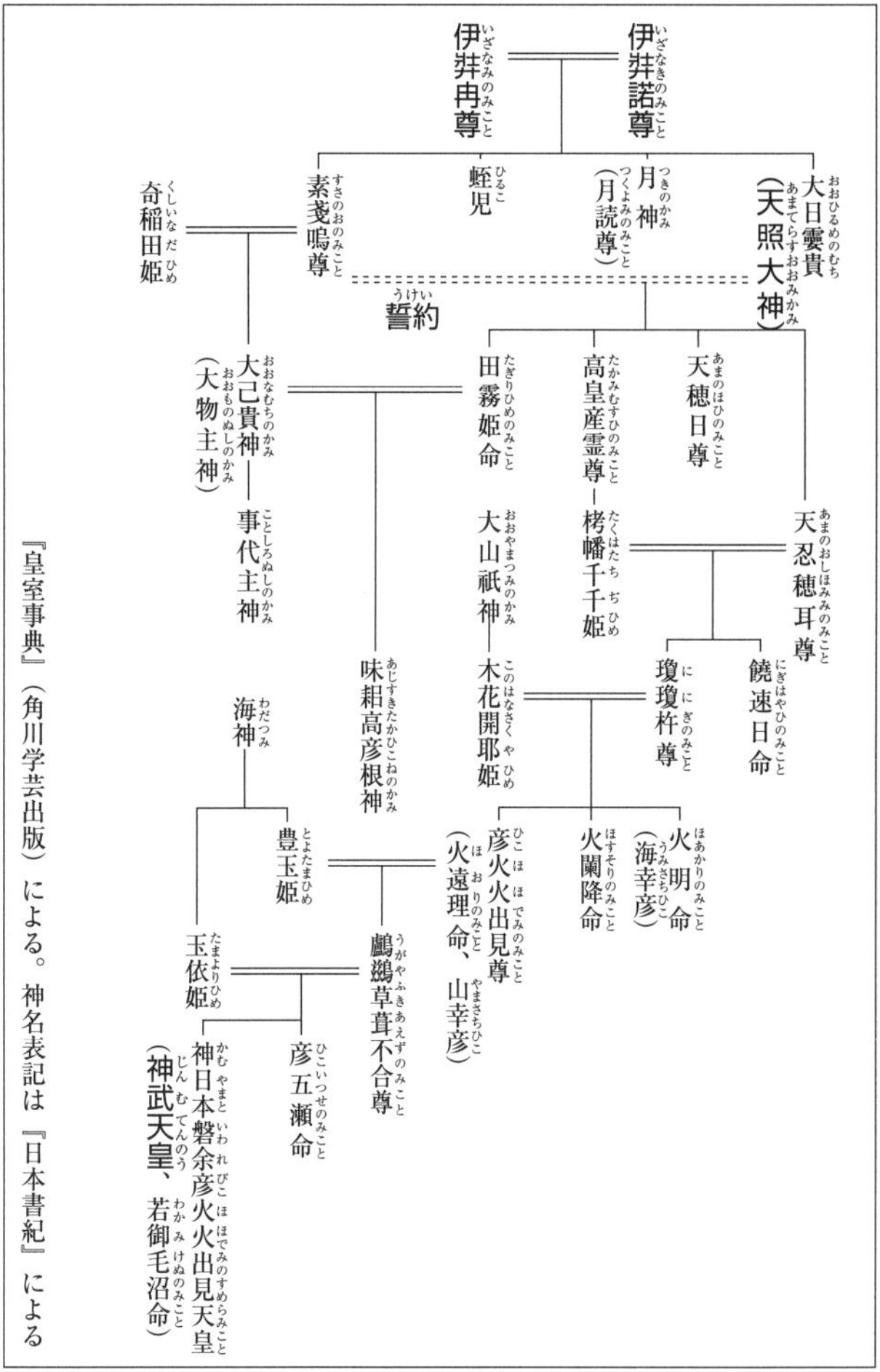
伊弉諾尊《いざなきのみこと》
伊弉冉尊《いざなみのみこと》
大日孁貴《おおひるめのむち》
（天照大神《あまてらすおおみかみ》）
月神《つきのかみ》
（月読尊《つくよみのみこと》）
蛭児《ひるこ》
素戔嗚尊《すさのおのみこと》
奇稲田姫《くしいなだひめ》
誓約《うけい》
天穂日尊《あまのほひのみこと》
高皇産霊尊《たかみむすひのみこと》
田霧姫命《たぎりひめのみこと》
大己貴神《おおなむちのかみ》
（大物主神《おおものぬしのかみ》）
事代主神《ことしろぬしのかみ》
天忍穂耳尊《あまのおしほみみのみこと》
栲幡千千姫《たくはたちぢひめ》
大山祇神《おおやまつみのかみ》
味耜高彦根神《あじすきたかひこねのかみ》
饒速日命《にぎはやひのみこと》
瓊瓊杵尊《ににぎのみこと》
木花開耶姫《このはなさくやひめ》
海神《わだつみ》
火明命《ほあかりのみこと》
（海幸彦《うみさちひこ》）
火闌降命《ほすそりのみこと》
彦火火出見尊《ひこほほでみのみこと》
（火遠理命《ほおりのみこと》、山幸彦《やまさちひこ》）
豊玉姫《とよたまひめ》
鸕鷀草葺不合尊《うがやふきあえずのみこと》
玉依姫《たまよりひめ》
彦五瀬命《ひこいつせのみこと》
神日本磐余彦火火出見天皇《かむやまといわれびこほほでみのすめらみこと》
（神武天皇《じんむてんのう》、若御毛沼命《わかみけぬのみこと》）
『皇室事典』（角川学芸出版）による。神名表記は『日本書紀』による

神代の系譜

の弓に止まって、その光に恐れて敵が逃げ出したという話だが、この神話は戦前まで生きていた。すなわち金鵄《きんし》勲章である。これは軍人だけに与えられる最も名誉ある勲章であった。

長髄彦《ながすねひこ》との戦いに勝利した神武天皇は大和を平定し、土着の氏族の降伏を受け入れて橿原宮《かしはらぐう》で即位《そくい》する。この橿原宮は、橿原神宮として今日も尊ばれている。この即位式のときに神武天皇は「六合《りくごう》を兼ねて都を開き、八紘《はっこう》を掩《おお》いて宇《いえ》となさん。また可《よ》からずや」と述べている。六合とは「国のうち」、八紘とは「天の下」という意味で、ここから「八紘一宇《はっこういちう》」という言葉が生まれた。

この言葉は「世界を一つの家とする」という意味を持つが、戦後の東京裁判において「日本が世界を征服するという意志を示したもの」と曲解され、批判された。しかし、当時の弁護団が明快に説明したように、これは神武天皇が即位式に集まったもろもろの氏族や土着の部族に対し、「これからは国じゅう一軒の家のように仲良くしていこう」という願いを述べられたものである。言うなれば長い戦争のあとの平和宣言であり、同時に日本の建国の精神を示したものなのである。

伝承によれば、神武天皇がこの言葉を述べたのは約二千六百年前の話となっているが、「八紘一宇」はこの前の大戦のときにも生きており、今日もなお吟味《ぎんみ》すべき価値のある重要な言葉である。

例えば第二次大戦中、ユダヤ人を迫害したヒトラー政権が、同盟関係にある日本に対してユダヤ人迫害政策への協力を要求してきたことがあった。そのときの日本の陸軍大臣、板垣征四郎《いたがきせいしろう》は五相会議において、「神武天皇がこの国を開かれたとき、天皇は〝八紘《はっこう》を掩《おお》いて宇《いえ》となさん〟と仰《おお》せられた。ユダヤ人を迫害するのは神武天皇のお言葉に反する」と発言した。その結果、日本はドイツの要請を斥《しりぞ》け、当時の世界で唯一、ユダヤ人を迫害しないと明瞭に打ち出した国となった。

この例を見てもわかるように、日本には約二千六百年前に即位した初代天皇の言葉が現代になっても脈々と生き続けているのである。また「神武東征」のエピソードに登場する橿原神宮などの神社が今も続いている。ここからもわかるように、日本の文化的遺産、つまり古代文化は、エジプトのピラミッドや古代ギリシャの神殿のような単なる「遺跡」ではない。現在もなお「生きている」ところに、その大きな特徴があるのである。

◉なぜ『魏志倭人伝』は滑稽な文献と言われるのか？

その後の天皇に関する記録は、日本において非常に詳しく記されているが、それに相応する大陸の記録がないという理由で、歴史学の世界では無視されがちである。しかし、それはないのが当たり前である。日本の中で起こっている出来事を、海を隔てた隣の国が細かく知るわけはないではないか。そもそも日本の歴史を解釈するのにシナの古い歴史書を拠《よ》りどころにしようとするのがおかしい。これは江戸時代の山片蟠桃《やまがたばんとう》という人も指摘しており、戦前の歴史でもその常識は守られていた。

戦後は『魏志倭人伝《ぎしわじんでん》』からはじまって、大陸の歴史から日本の歴史を理解しようという動きがある。しかし、これほど滑稽《こっけい》なことはない。当時のシナ大陸の歴史家が日本について何かを知っていることはあり得ないし、何かを書く必要もないのである。たとえ書くとしても、その目的は海の向こうの遠い国とも交際があったと示す程度で十分であり、それ以上の内容が書かれていたとしても何ら信用するに足りない。それは噂《うわさ》の噂、さらにその噂という程度のものであろう。

それはシナの歴史書を見れば明白である。例えば豊臣秀吉《とよとみひでよし》と戦って外交交渉もあった明《みん》の時代ですらも、日本について書かれた文章の中には噂話から引用したような、バカバカしい話だけが記されているのである。

ましてや、それより千何百年も前、交渉がほとんどないか、あったとしても九州の端の部族あたりが多少かかわったような時代に、正確な情報を入手できたとは考えられない。せいぜい噂話のレベルであろう。それを大真面目に日本の歴史に反映させせようとするのは滑稽至極《しごく》というしかない。

『魏志倭人伝』は昔の日本人の学者も知っていたが、戦前はほとんどまともに取り上げなかった。それは以上のような理由で、大陸の学者に日本の歴史が正確にわかるわけはないという常識が生きていたからである。

◉天皇の悪口がそのまま書かれている『古事記』『日本書紀』の史的公平性

その大陸との関係といえば、戦前の歴史では神功皇后《じんぐう》の三韓征伐《さんかんせいばつ》というものが重視されていた。『日本書紀』によれば、これは西暦二〇〇年頃、急死した仲哀《ちゅうあい》天皇に代わって、その后《きさき》である神功皇后が朝鮮（当時の三韓）を征服したという話である。韓国側の史料でも、三六九年から三九〇年代にかけて日本がかなり大規模な遠征を行ったことになっている。

戦後は多くの歴史家から異論が出て、あまり語られなくなったが、戦前は神功皇后の補佐役の武内宿禰《たけのうちのすくね》がお札の肖像にもなっており、三韓征伐は日本人に広く知られていた。

しかし、その事実が単なる作り話ではないことを示唆する非常に重要な史料がある。

それは北朝鮮との国境に近い旧満洲《まんしゅう》のあたり（中国吉林《きつりん》省の鴨緑江《おうりょくこう》中流北岸）に残っている高句麗《こうくり》の広開土王《こうかいどおう》の碑である。これは現存する東アジアで最大の碑であるが、その中に西暦四〇〇年前後に倭《わ》の軍隊が百済《くだら》・新羅《しらぎ》を征服し、今の平壌近くあたりまで攻め込んだという話が刻まれているのである。

百残新羅旧是属民／由来朝貢而倭以辛卯年来渡□破百残□□新羅以為臣民
九年己亥百残違誓与倭和／通王巡下平壌而新羅遣使白王云倭人満其国境潰破
城池以奴客為民帰（□は欠字。『国史大辞典』吉川弘文館より）

百残新羅《くだらしらぎ》は旧《もと》是れ属民《ぞくみん》なり。由来朝貢《ちょうこう》す。而《しか》るに倭《わ》、辛卯《かのとう》の年を以《もっ》て来《きた》り、海を渡り、百残□□新羅を破り、以《もっ》て臣民と為《な》す。
九年己亥《つちのとい》、百残誓《ちかい》に違《たが》い倭と和通す。王巡《めぐ》りて平壌《へいじょう》に下る。而るに新羅使《つかい》を遣《つか》わして王に白《もう》していわく、倭人《わじん》国境に満ち、城池《じょうち》を潰破《かいは》し、奴客を以て民となして帰る。

これは当時の碑に刻まれているわけであるから、多少事実が不正確であったとしても、全くの嘘ということはあり得ない。

では、この碑文は何を示しているかというと、当時の日本には非常に強大なる中央政権がすでに成立していて、朝鮮半島に兵を出し征服するという相当な軍事力を持っていたという事実である。同時に、日本が南朝鮮に任那《みまな》のような植民地を持っていたという伝承も嘘とはいえないという傍証《ぼうしょう》になるだろう。

そして三韓征伐が行われた時期は、『日本書紀』に記された神功皇后の時代とそれほど違っているわけではない点も注目に値する。

この三韓征伐のとき、神功皇后は身ごもっており、腹帯を締めて出征したと『日本書紀』には書かれている。そして朝鮮から凱旋《がいせん》すると、すぐに御子《みこ》が生まれる。後の応神《おうじん》天皇である。応神天皇は宇佐八幡宮《うさはちまんぐう》（大分県宇佐市）に祀られている。

この応神天皇の御子、すなわち神功皇后の孫が仁徳《にんとく》天皇である。仁徳天皇は仁徳天皇陵に埋葬されているが、その面積は世界最大の墓とされている。しかし、一般に今の日本の歴史年表にはその名前が出てこない。

これは『古事記』『日本書紀』にある記述を信憑《しんぴょう》性の薄いものとして無視しているためである。果たしてそうだろうか。神武天皇以下の記事を見ると、『古事記』にも『日本書紀』にも天皇の悪行は悪行としてそのまま書いてあることに注目すべきだろう。

例えば『古事記』には、第十二代景行《けいこう》天皇の皇子である日本武尊《やまとたけるのみこと》が叔母の倭姫命《やまとひめのみこと》に向かって「このように父が私を酷使《こくし》なさるのは、私が死ねばいいと思っていらっしゃるからに違いない」といって嘆《なげ》く場面がある。

これは天皇に対する重大な悪口である。しかも、これは『古事記』という皇室御用の語部《かたりべ》による伝承を記録した正史に載っている話である。皇室が編纂《へんさん》させた史書であれば、わざわざこのような創作を指示するはずがないから、当時の伝承どおりに書いたとしか受け取れない。

戦後、記紀は「皇室正当化の書」であると決めつけてその史的公平さを頭から疑い、問題にしない風潮があった。だが、悪事は悪事として書き、また後で述べるように異説も併記してあるのだから、現在の社会主義国の公文書などと比べれば、ずっと自由で公平なものといえるだろう。むしろ、古代においてそのような歴史書があったことに感嘆すべきである。戦後に記紀が無視されたのは、反皇室の左翼史観と、コリア人の圧力に媚《こ》びた卑屈な歴史学者たちが合流したためである。

その点で、『古事記』や『日本書紀』のような公平な歴史書があるというのは日本の誇りといってもよい。それを無視して大陸の歴史書の記述を無批判に取り入れるというのは、本末転倒というものである。

◉天皇から乞食までの歌が載せられている『万葉集』が持つ意味

『古事記』や『日本書紀』だけではなく、日本は意外に古代の文献が残っている国である。八世紀に成立した『万葉集《まんようしゅう》』には身分に関係なく、天皇から乞食《こじき》や遊女に至るまでの歌が載せられている。まさに国民的歌集と呼ぶべきものである。

一方で、乞食や遊女の歌が天皇と同じ歌集に載るとはどういうことなのかと不思議になるが、これは当時の日本人の考え方を見る一つの鍵《かぎ》になる。

ある国民の特徴を見るとき、彼らが「何の前において万人が平等であると考えているか」という見方をすると、大いに参考になる。例えば一神教の国では、万人は神の前に平等である。古代ローマでは法の前に平等であった。また、シナでは皇帝の前に平等で皇帝だけが偉かった、という見方ができる。

ところが日本の場合は変わっていて、「和歌の前に平等」という思想があったようである。歌が上手であれば天皇と同じ本の中に入れてもらえるのは、この「和歌の前に平等」という思想を如実に表しているように思われる。

日本には言霊《ことだま》信仰があって、言葉に霊力があると信じられていた。それゆえ日本語というものに対して特別の尊敬心があった。それを上手《うま》く使える人間は、人の心を動かすことができる。ゆえに、和歌ができる人は天皇と同じ本に名前を入れる価値があるという発想があったと思われる。

しかしこれは後年になると多少緩《ゆる》んできて、あまりに身分の低い人や罪人の場合は「読み人知らず」として勅撰《ちょくせん》集の中に入れるようになった。ただし、「読み人知らず」とされても、だいたい誰かはわかっているようなものであった。

◉山上憶良が喝破した、日本を際だたせているものとは？

これと関係して、当時の日本人の思想を知るためには、山上憶良《やまのうえのおくら》の「好去好来《こうきょこうらい》の歌」という長歌《ちょうか》が参考になる。

その一節に、「神代《かみよ》より言ひ伝《つ》て来《け》らく　そらみつ　大和《やまと》の国は　皇神《すめろぎ》の厳《いつく》しき国　言霊《ことだま》の幸《さき》はふ国と　語り継《つ》ぎ　言ひ継がひけり」とある。ここで山上憶良は日本の特徴を「皇神《すめろぎ》の厳《いつく》しき国」すなわち王朝が神代から変わらない国であるといい、また「言霊《ことだま》の幸《さき》はふ国」すなわち言葉に対する信仰があると述べている。それゆえに尊い国であるというのである。

これは山上憶良が述べているところが非常に重要である。山上憶良の父親は朝鮮半島に駐在していた日本の武人であり、天智二年（六六三）、白村江《はくすきのえ》の戦いで日本軍が唐と新羅の連合軍に敗れたとき、四歳であった憶良を連れて日本に引き揚げてきた。つまり憶良はその頃の朝鮮を見ているのである。また憶良はその後、大宝二年（七〇二）に第七次遣唐使とともに唐に渡り、唐の都、長安《ちょうあん》にも行っている。つまり憶良は、当時の人としてはきわめて稀《まれ》な、朝鮮半島と唐の両方を知っていた日本の知識人なのである。

その人が朝鮮半島やシナ大陸の王朝を頭に入れながら、日本の特徴として王朝と言語の二点を挙げている点に注目したいと思う。シナや朝鮮と比べて日本を際立たせるものは、神話の時代から続いている万世一系《ばんせいいっけい》の皇室であり、「やまとことば」であるというのである。

実際、和歌には外国語と意識される単語は入れず、「やまとことば」しか使わないというのが伝統であった。『古事記』や『日本書紀』には無数の長歌短歌が入っているが、その中に外来語と思われる単語を探すのは非常に難しい。

もっと時代が下り、例えば『百人一首《ひゃくにんいっしゅ》』——これは『万葉集』（古今《こきん》的に手直しされているが）から建長《けんちょう》三年（一二五一）に撰進《せんしん》された『続後撰《しょくごせん》和歌集』まで、数百年にわたる歌集から和歌を採ったものであるが——をざっと読んで外来語だと思われる単語は〝菊《きく》〟と〝衛士《えじ》〟くらいしか見つからない。おそらく菊はその頃には日本の花だという認識があったと思われ、また衛士はしょっちゅう見受けられるものなので日本語だと思われていたのかもしれない。

この和歌に外来語を使わないという伝統は明治時代までずっと続いていた。明治になって新しい和歌が起こると漢語が平気で使われるようになるが、それでも明治天皇の御製《ぎょせい》などには地名などは例外として漢語は使われていない。近年では『サラダ記念日』のようにヨーロッパ語まで入れるようになったが、本来、日本人の言霊意識は大変に強いのである。

◉日本語で書かれた『古事記』、漢文で書かれた『日本書紀』、その意味

日本で最初に国史編集を意図したのは聖徳太子《しょうとくたいし》（五七四〜六二二）と蘇我馬子《そがのうまこ》（五五一？〜六二六）であったとされる。各種の史料を集めた形跡があり、『天皇記』と『国記』という史書が完成したといわれるが、これらは馬子の息子・蘇我蝦夷《そがのえみし》（？〜六四五）が滅ぼされたときに焼失したといわれている。

次に天武《てんむ》天皇（在位六七三〜六八六）が天皇家の系図や古い伝承を保存するために国史編纂を試み、稗田阿礼《ひえだのあれ》に『帝記《ていき》』（天皇の系譜の伝承を記した書物）と『旧辞《きゅうじ》』（各氏族の古い伝承を記した書物）を暗誦《あんしょう》させた。しかし、完成する前に天皇が亡くなられたため、その後は天武天皇の遺志を継いで、息子の草壁皇子《くさかべのみこ》の后《きさき》である元明《げんめい》天皇（在位七〇七〜七一五）が太安万侶《おおのやすまろ》（？〜七二三）に命じ、稗田阿礼の口述を筆録・編纂させた。こうしてできあがったのが、『古事記』である。

『古事記』は表記法を漢文によらず、漢字を意味に関係なく表音文字として用いて日本語に移して書いている。ただし、それでは文章があまりにも長々しくなるため、簡略化のために一部に漢語を使うという和漢混交方式をとった。そのため、漢語が交じり合った日本語という形になっているが、そこに出てくる和歌や神様の名前、人の名前、地名など無数のものは、厳密に漢字を発音記号として使っている。

しかし、元明天皇は漢字を表音文字として使う表記方法が不満だったようである。そこから正式な漢文で史書を作ろうという機運が生まれ、『日本書紀』が編まれたのではないかと考えられる。

『古事記』の完成から八年ほど後、元明天皇の娘で皇位についた元正天皇《げんしょう》（在位七一五〜七二四）が舎人親王《とねりしんのう》を総裁にして編纂させたものが『日本書紀』である。『日本書紀』は外国に見せるという意図もあったものと思われ、堂々たる漢文で地の文が書かれている。

『日本書紀』で注目すべきことは、第一巻として神代巻を作り、しかも、一つの話についての伝承をすべて併記している点である。すなわち、「一書ニ日ク《イワ》」「一書ニ日ク」「一書ニ日ク」という形で、ある本にはこう書いてある、またある本ではこういっていると、いろいろな部族の持つそれぞれの伝承を集め、無理に一つにまとめずに諸説をずらりと並べてあるのである。

これは極めて近代的な書き方である。古代の歴史書でこのような書き方をしている例はほかにないのではないかと思われる。

また『古事記』と同じく、長歌、和歌、神の名前、人の名前、地名といったものは、すべて漢字を発音記号として使っている。

この意味をわかりやすくするために朝鮮半島の例を挙げると、最初の歴史書である『三国史記』ができたのは一一四五年といわれ、日本では平安時代の末の頃である。これはすべて漢文で書いてある。その後、十三世紀末に書かれた『三国遺事《いじ》』もまた漢文である。したがって、古代の朝鮮の言葉がどのようなものであったかは一切わからないのである。

「日韓併合」の時代に平壌《へいじょう》帝国大学の韓国語の教授であった小倉進平博士が、古代の朝鮮の言葉を一所懸命に探したことがあった。しかし、約七十から八十の古代コリア語らしい単語を見つけただけであった。これは日本の長歌和歌、『万葉集』の膨大《ぼうだい》な和歌などがすべて日本語でわかるのに比べると、天地の差である。

このようにして編まれた『古事記』『日本書紀』は先の敗戦まで日本人の歴史観の根底にあった。少なくとも、敗戦までの一千数百年間にわたり、日本人は自分たちの歴史を『古事記』『日本書紀』によって認識し、それに従って行動してきたのである。神話を事実と考える現代人はいないだろうが、それを信じた先人たちが日本を動かしてきたのだという事実はしっかり認識すべきだろう。

江戸中期の学者・伊勢貞丈《いせさだたけ》（一七一七～一七八四）は「いにしえをいにしえの目で見る」といった。ドイツから発達した文献学でも「古代の目線《めせん》（der《デア》 Blick《ブリック》 der《デア》 Frühe《フリューエ》）」を重んじている。古代を知るには古代人のものの見方や考え方を知らなければならないということだが、歴史を見るときにはこの姿勢を決して忘れてはならないと思うのである。

◉神社を尊び、仏教も敬うようになった日本人の起源

日本の国史編纂がはじまるより前、第二十九代欽明《きんめい》天皇（在位五三九～五七一）の十三年（五五二）に仏教伝来という重大な問題が起こった（ただし、五三八年とする説もある）。それ以前より北九州など大陸との交通が多かった地域や帰化人の間で仏教はある程度広まっていたと考えられるが、この年、百済《くだら》の聖明王《せいめいおう》から仏像と経典が献上され、正式な仏教渡来となったのである。

欽明天皇はこのとき、「この仏像を祀《まつ》るべきであろうか」と大臣たちに尋ねた。する

と蘇我稲目《そがのいなめ》（?～五七〇）は「西の国ではみなこれを礼拝しています。日本の国だけがどうして背《そむ》くことができましょうか」と強く崇拝を勧めた。これに対して、神武天皇以来の部族である大伴《おおとも》・物部《もののべ》・中臣《なかとみ》氏らの国粋派は、「外国の神様を祀るのはよくない」と猛反対する。

この両者の意見を聞いた欽明天皇は、日本の神の怒りに触れては大変だからと、蘇我稲目に試しに礼拝させてみようと仏像を下げ渡した。稲目は自分の屋敷の中に寺を建て、仏像を拝みはじめた。するとその年、疫病《えきびょう》が流行し、多くの死者を出した。これは外国の神を拝んだ報《むく》いだと、物部・中臣両氏は天皇の許可を得て稲目の寺から仏像を奪い、難波《なにわ》の堀に投げ捨てて、さらに寺を焼き払ってしまった。

欽明天皇の子の敏達《びだつ》天皇（在位五七二～五八五）もまた仏教を信じなかったが、その后《きさき》の一人、堅塩媛《きたしひめ》は仏教推進派の蘇我稲目の娘であり、間違いなく仏教信者であったと考えられる。それにより、仏教は後宮《こうきゅう》から皇室に入り込むことになるのである。そして欽明天皇と堅塩媛《きたしひめ》の間に生まれ、稲目の孫娘を皇后に迎えた第三十一代用明《ようめい》天皇（在位五八五～五八七）に至って初めて仏教を信ずるようになるのである。

このような仏教伝来の扱い方は、外国の歴史と比べるとその特徴がはっきりする。例えばローマ帝国皇帝コンスタンティヌス大帝が「ミラノ勅令《ちょくれい》」（三一三年）で最初にキリスト教を認めた話は、ヨーロッパ史の中ではゴシック文字で年代が書かれるくらいの重大事件であった。ところが日本では外国の宗教である仏教を尊崇すると最初に決められた用明天皇の名前を知っている人は稀《まれ》といってもいいだろう。

なぜ用明天皇の名前がほとんど無視されてきているのか。これは仏教というものが、強《し》いていえば一つの高い学問として入れられ、神道《しんとう》に代わるようなものとして捉《とら》える意識がなかったということを表している。「仏教はありがたい教えである」と天皇が考えたとしても、それは儒教を尊んだのと同じで、従来の神道を捨てたのだとは日本人の誰も思わなかったのである。

『日本書紀』の中にも、用明天皇について「仏の法《のり》を信じられ、神の道《みち》を尊ばれた」と書かれているように、仏教は神道に代わる宗教としては考えられていなかったのである。

これは明治維新の後、日本の近代化を促進するために明治天皇が率先して西洋の学問を尊重され、西洋の医学を使い、西洋の料理をお食べになっても、それは宗教的な「改宗」と考えられなかったというのと似ている。仏教の地位も最初はそのようなものとして捉えられていたと推測される。

さて、用明天皇が亡くなると、その後継をめぐって蘇我《そが》氏と物部《もののべ》氏の争いが起こった。これは要するに仏教排斥派と仏教崇拝派の対立である。排斥派の物部守屋《もののべのもりや》が穴穂部《あなほべの》皇子《みこ》を皇位につけようと画策したのに対して、崇拝派の蘇我馬子《そがのうまこ》は穴穂部皇子を殺し、物部守屋討伐の兵を挙《あ》げた。その結果、この争いは蘇我氏の勝利に終わり、用明天皇の腹違いの弟である第三十二代崇峻《すしゅん》天皇（在位五八七〜五九二）が即位することになった。

このとき蘇我氏の軍には厩戸皇子《うまやどのおうじ》を名乗っていた聖徳太子（五七四〜六二二）も参加している。その戦場で聖徳太子は四天王像をつくり、「敵に勝たせてくだされば寺塔を建てましょう」と祈願し、その誓いの言葉どおりに四天王寺を建てたといわれる。

これ以降、日本では神社を尊びながら仏教を入れるという形に定着するのである。

◉日本初の自主外交を始めた聖徳太子

用明天皇の御子《みこ》である聖徳太子の時代になって、仏教は非常に盛んになる。聖徳太子はまさに天才中の天才といってよい人物である。例えば、いくつかの経文の教授を渡来人から受けると、ただちにそれを理解して注釈をつけ、その注釈が大陸で出版されて版を重ねたと指摘されている。

聖徳太子はさまざまな業績を残しているが、まず重要なのは隋《ずい》に送った国書であろう。太子は隋の煬帝《ようだい》の大業《たいぎょう》三年（六〇七）、小野妹子《おののいもこ》を遣隋使《けんずいし》として派遣した。そのときに妹子が携《たずさ》えていった国書の書き出しは「日出《イ》ヅル處《トコロ》ノ天子、日没《ボッ》スル處ノ天子ニ書ヲ致ス。恙《ツツガ》ナキヤ……」という主旨のものであったため、『隋書《ずいしょ》』には「帝《ミカド》（煬帝）、コレヲ覧《ミ》テ悦《ヨロコ》バズ」と書かれている。

当時大国だった隋は、周辺国はみな野蛮だと思っていた。そこに日本から対等な外交文書が送られてきたので煬帝は不愉快に思ったのである。しかし、いくら相手が大国であろうと外交上は対等であると太子は考えたのだろう。その自信の裏付けとなったのは、日本が神話の時代から王朝が絶えることなく続く「皇神《すめろぎ》の厳《いつく》しき国」であるという誇りであったのではないだろうか。

それが証拠に、太子が二度目に煬帝に送った国書にも、「東ノ天皇、敬《ツツシ》ミテ西ノ皇帝ニ白《モウ》ス」とある。どこまでも対等の姿勢を崩さなかったのである。それまでの日本とシナの交渉では、朝鮮を介して朝貢《ちょうこう》の形をとっていたから、これは記念すべき出来事であった。これが日本の自主外交のはじまりであったのである。

一方、聖徳太子の数々の業績のうち、国内的に大きな意味を持つのは「十七条憲法」を定めたことだろう。この憲法は推古《すいこ》天皇の十二年（六〇四）の夏四月に太子自身が作ったものであり、憲法と書いて本来は「いつくしきのり」と読むらしい。憲法というのは、その国のあり方、その国の体質、すなわち国体を示すものである。

国体は英語でコンスティテューション（constitution）というが、これも元来は体質という意味である。イギリスではいわゆる成文化された憲法はないが、「コンスティテューション」といえば「国体」を指しているとイギリス人には理解できるのである。

聖徳太子は、日本の国体としてあるべき姿を、第一条の「和をもって貴《とうと》しとなす」からはじまる十七条にまとめて書き残した。これこそが本当の意味での憲法だと思う。詳しい法律を作った国は他の先進国にもあるが、その国柄をコンスティテューションとして出していくという点で、十七条憲法は世界で最古の憲法の一つであると考えてよいだろう。

この十七条の内容を見ると、第二条に「篤《あつ》く三宝《さんぽう》を敬《うやま》へ。三宝とは仏《ほとけ》・法《のり》・僧《ほうし》なり」とある一方で、神道のことは全く書かれていない。この点に注目して、聖徳太子は日本の神を斥《しりぞ》けているという説を唱える学者も戦後に出てきたが、それは全くあり得ない。むしろ、書かれていない点にこそ重要な意味があるのである。つまり、日本の神を崇めるとは自分の先祖を尊敬せよというのと同じ意味であり、それはわざわざ憲法に書くという発想がないほど当たり前であったということである。

例えば、私のドイツ留学中にこんな出来事があった。親日的な家で日本料理をごちそうになったとき、日本では箸《はし》を使って食べるというので、わざわざ箸を用意してくれた。ところが、その家の人は箸を両手に一本ずつ持って食べようとするのである。その人は日本料理の本を読んだらしいが、箸は片手で二本持つことは当たり前すぎて書かれていなかったのである。

このように、わかりきったことはいちいち書く必要がないのである。だから太子は神道について何も書かなかったのだ。むしろそれは日本における神道と仏教の関係を明らかに示したものと考えてよいと思うのである。

◉画期的だった、神道の発想でつくられた奈良の大仏

その後、仏教はますます盛んになっていく。そして聖武《しょうむ》天皇（在位七二四〜七四九）の時代になると、日本の各地に国分寺《こくぶんじ》と国分尼寺《こくぶんにじ》が建てられ、総国分寺として奈良に東大寺が建造された。これはいろいろな意味で日本の本質を示しているといってよいだろう。

第一には、仏教は外国から来たものであるのに、日本に入ると外国にもないような壮大なものができあがるという点である。

東大寺大仏殿は「三国一の大伽藍《だいがらん》」であり、唐にもインドにもこれ以上の規模のものはなかった。また、そこに安置されている「奈良の大仏」はおよそ四百四十トンの

熟銅《じゅくどう》と、約四十八キロの金を使い、鋳造《ちゅうぞう》された仏像としては世界最大のものである。また、大仏殿の左右には七重の塔が建てられていたが、これは東塔三百二十六尺、西塔三百二十四尺九寸あった。いずれも約百メートルの高さで、当時としては、伝説上のバベルの塔を除き、エジプトのピラミッドに次ぐ世界第二の建造物であった。

第二に、奈良の大仏は毘盧舎那仏《びるしゃなぶつ》（盧舎那仏《るしゃなぶつ》ともいう）であるが、これは太陽神が仏教に入ったとされる。すなわち大日如来《だいにちにょらい》のことである。大日如来は密教における仏の一つだが、当時、本質的に天照大神《あまてらすおおみかみ》と同じものだと考えられていた。これは「本地垂迹《ほんじすいじゃく》説」という日本独特の考え方によるものである。「本地」とは、仏・菩薩《ぼさつ》の本来の姿をいう。つまり、日本の神々は仏教の仏（本地）が姿を変えて日本の地に現出（垂迹《すいじゃく》）したものと考えたのである。これは、神と仏を両立させる神仏習合《しんぶつしゅうごう》思想の一つである。

この本地垂迹説は、元来はインド仏教にもあった発想である。インド仏教の本地垂迹説では、絶対的・理念的な本地があり、それが具体的な形をしてこの世に垂迹したのが釈迦《しゃか》であると考えた。仏という真理が釈迦として垂迹したと考えたのである。

日本ではそれを翻案《ほんあん》して、日本の神は仏が垂迹したものであると考えた。そして仏の中でもいちばん尊い本地は大日如来、つまり毘盧舎那仏であり、それが垂迹したものが天照大神であると考えたのである。また、それをさらに応用して、インドでは盧舎那仏という形で現れたものが日本に垂迹すると伊勢神宮になったとか、阿弥陀仏《あみだぶつ》は八幡《はちまん》神宮になったとかという形で本地垂迹説が成り立ったのであった。

したがって、大仏信仰は神道の信仰と矛盾《むじゅん》するとは全く考えられなかった。毘盧舎那仏を日本で祀《まつ》るのは天照大神を祀るのと同じことになったからである。これは、大仏を造営するときに、聖武天皇が橘諸兄《たちばなのもろえ》を天照大神を祀る伊勢神宮に遣《つか》わして寺を建てる神託《しんたく》を乞《こ》うているという事実からも明らかである。

第三は、この大仏は天皇の権力で建てるというやり方をせず、すべての人の協力で建てるという形があえてとられているという点である。

それは聖武天皇の「大仏造営の詔《みことのり》」にも述べられている。すなわち、自分は天皇であるから、天下の富も力も、すべて自分が有している。だから、自分だけで大仏像を建てることもできる。しかし、そうではなくて「知識」（寄進《きしん》する信者）が集まって協力して、一枝の草、一握りの土でもいいから資材を持ち寄ってみんなで建設しようではないか──というのである。

すべての人が少しでも献金をして、挙国一致という形をとっているわけである。衆《しゅ》生《じょう》一致してやろうというのは、ほとんど神道的な「みんなの神様」という考えに近い、実に画期的な発想であった。これもやはり日本独特の発想と考えてよいと思う。

ここで見てきたように、外国の高い文化文明も日本に入ると日本化して、さらにそれを超えることができるという発想が、奈良の大仏造営のときからすでに日本人の頭の中に定着したといえるだろう。

それは、十六世紀に鉄砲が伝来したときに、たちまち鉄砲を改良し大量生産し、ヨーロッパにもない数と性能とそれを用いた軍略が編み出されたことにも明らかである。また、明治に入ると、黒船で脅《おど》された日本がそれまでの世界史の中で最大の日本海海戦をやって勝利を収めたことにも見られるし、先の戦争中に「大和《やまと》」と「武蔵《むさし》」という世界史上最大の戦艦を造っているところにも見ることができる。また電子機器や工作機械の開発に遅れたために敗れた日本は、戦後たちまちにその分野で世界のリーダーになった。

そういうことが日本人の頭の中では少しも不思議ではないという意識は、大仏建立の時代に生まれたと考えてもいいのではないか。その点で、聖武天皇の大仏造営は、仏教に対する革命であったのではないかとさえ思えるのである。

◉私有財産を廃した大化の改新がつくり上げたものとは？

ただ仏教は、日本に入ったときは誤解もあったし、新しい外国文明の持つ独特の毒もあった。つまり、仏教を崇拝する中心勢力であった蘇我《そが》氏が、仏教を背景にして強大な力を得たのである。

　厩戸皇子《うまやどのおうじ》（聖徳太子）と泊瀬部皇子《はつせべのみこ》（崇峻《すしゅん》天皇）とともに物部《もののべ》氏を滅ぼした蘇我馬子《そがのうまこ》は泊瀬部皇子《はつせべのみこ》を用明《ようめい》天皇の次の天皇に据《す》え、自らは政治の実権を握った。これに不満を抱いた崇峻天皇は馬子の排斥を願うが、逆に馬子の差し向けた部下によって暗殺されてしまう。

　その後、崇峻天皇の暗殺によって空位となった皇位を継いだのが、用明天皇と同じく欽明《きんめい》天皇と堅塩媛《きたしひめ》の間に生まれ、用明天皇の前の敏達《びだつ》天皇の皇后であった豊御食炊屋姫尊《とよみけかしきやひめのみこと》、すなわち推古《すいこ》天皇であった。そして聖徳太子が推古天皇の摂政《せっしょう》となって国政を担うことになるのだが、その背後には相変わらず蘇我氏の存在があった。すなわち蘇我氏による朝廷支配である。

　馬子の子の蝦夷《えみし》、さらにその子の入鹿《いるか》の時代になると、蘇我氏の専横ぶりはますます激しさを増し、聖徳太子の子である山背大兄王《やましろのおおえのおう》も皇位争いによって皇子とともに入鹿に討たれてしまい、太子の血を引く上宮王家《じょうぐうおうけ》は滅亡した。

　やがて入鹿は、自ら天皇家を継ごうという野心を示すようになった。臣下が皇位を狙《ねら》うなど日本では考えられないことだが、この時代にはまだ朝廷の権威が固まっていなか

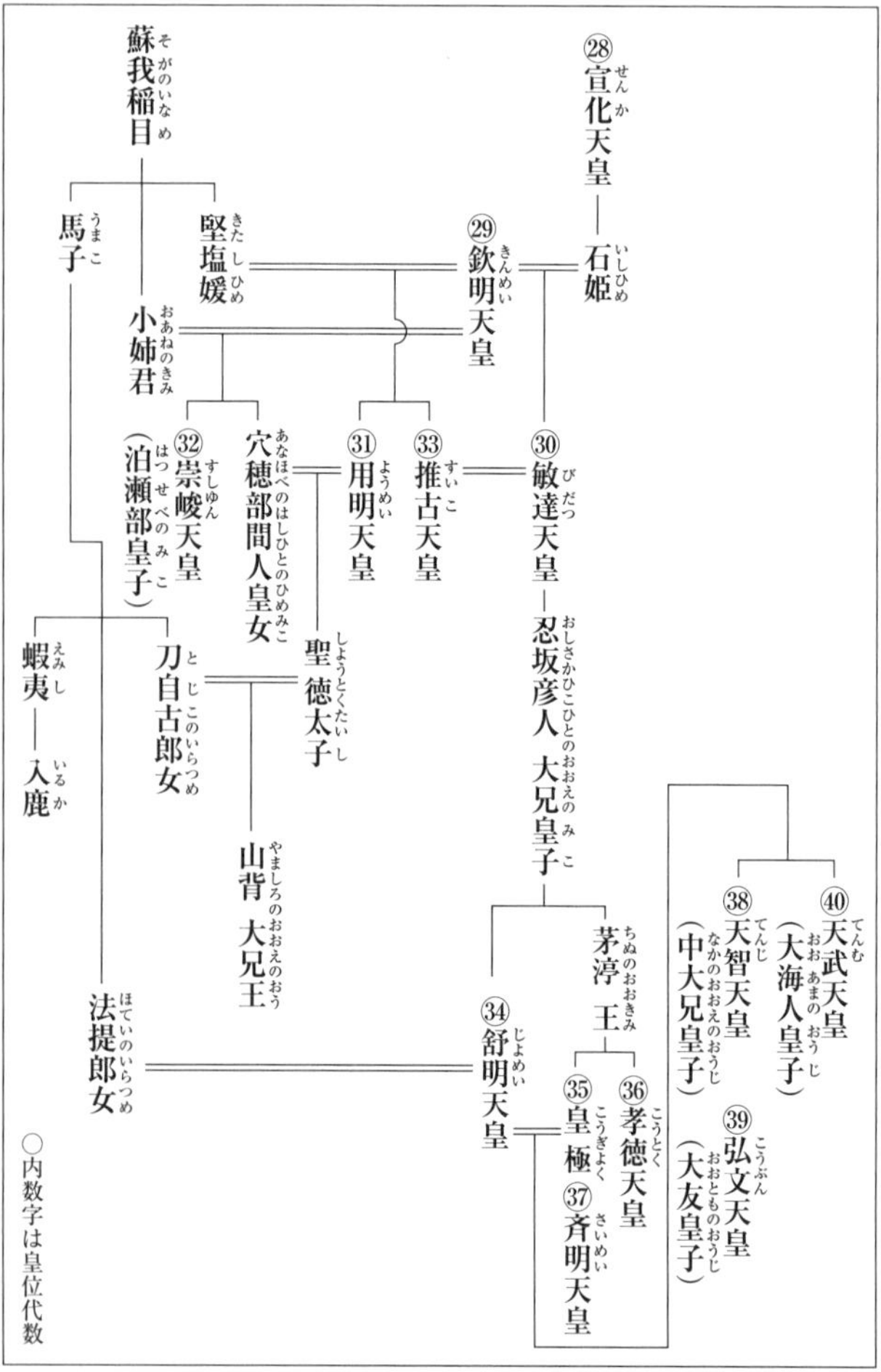
蘇我稲目《そがのいなめ》
馬子《うまこ》
堅塩媛《きたしひめ》
小姉君《おあねのきみ》
㉘宣化《せんか》天皇
石姫《いしひめ》
㉙欽明《きんめい》天皇
㉜崇峻《すしゅん》天皇
（泊瀬部皇子《はつせべのみこ》）
穴穂部間人皇女《あなほべのはしひとのひめみこ》
㉛用明《ようめい》天皇
㉝推古《すいこ》天皇
㉚敏達《びだつ》天皇
押坂彦人大兄皇子《おしさかひこひとのおおえのみこ》
蝦夷《えみし》
入鹿《いるか》
刀自古郎女《とじこのいらつめ》
聖徳太子《しょうとくたいし》
山背大兄王《やましろのおおえのおう》
茅渟王《ちぬのおおきみ》
㊳天智《てんじ》天皇
（中大兄皇子《なかのおおえのおうじ》）
㊵天武《てんむ》天皇
（大海人皇子《おおあまのおうじ》）
法提郎女《ほていのいらつめ》
㉞舒明《じょめい》天皇
㉟皇極《こうぎょく》
㊱孝徳《こうとく》天皇
㊲斉明《さいめい》天皇
㊴弘文《こうぶん》天皇
（大友皇子《おおとものおうじ》）
○内数字は皇位代数

蘇我氏と天皇家の関係

ったと見るべきだろう。

この蘇我氏の横暴ぶりを憎み、クーデターを企てる勢力があった。かつて仏教の問題で蘇我氏と対立していた中臣《なかとみ》氏の血を引く若き天才・中臣鎌足《なかとみのかまたり》（藤原氏の先祖）と中大兄皇子《なかのおおえのおうじ》（後の天智《てんじ》天皇）である。二人は密かに蘇我氏打倒計画をめぐらし、女帝皇極《こうぎょく》天皇の四年（六四五）、三韓（新羅《しらぎ》・百済《くだら》・高句麗《こうくり》）からの使者が来朝し、進貢の儀式が行われている最中に、そこに出席していた入鹿を斬り殺した。息子の入鹿が殺されたことを知った蝦夷は、自宅に火を放って自害した。

こうして中大兄皇子と中臣鎌足のクーデターは成功し、「大化《たいか》の改新」がはじまる。

当時は唐が強大な勢力を誇っていた。それに対応するため、天皇への権力集中と国政改革は緊急の課題となっていた。二人のクーデターの狙いも、実はそこにあったとされる。そのために唐の律令《りつりょう》制を手本として中央集権国家の建設をめざしたのが「大化の改新」であった。

大化二年（六四六）、「改新の詔《みことのり》」が出され、大化の改新がはじまった。これによって日本は唐の法制の影響を受けた律令国家に変わっていくが、それはその後、大宝《たいほう》元年（七〇一）に出された大宝律令、それを改めた養老《ようろう》二年（七一八）の養老律令（七五七年公布・施行とする説もある）によって一応の完成をみたと考えられる。

ただし、日本の律令制が唐のそれと違うのは、神祇官《じんぎかん》を置き、いちばん高い位を与えた点である。唐には日本のような神様がいないので神祇官がいないのは当然なのだが、唐の真似をしたようでいちばん肝心のところは日本流になっているのは注目しておきたい。

さて、「改新の詔」の中心となるのは「公地公民制」であった。これは私有財産を廃止してすべての土地と人民を公有化する、すなわち天皇に帰属させるとした制度である。また、この公地公民制の基本となり、律令制の根幹となったのが「班田収授法《はんでんしゅうじゅのほう》」であった。

「班田収授法」は、天皇のものである公地を公民に貸し与えるために戸籍を作り、細かい規定を定めたものである。それに従って農民は土地を分け与えられ（口分田《くぶんでん》）、代わりに納税の義務を負った。しかし、その土地は六年後に返還しなければならなかった。これは農民の反発を生んだ。当たり前の話で、多くの収穫をあげるために苦労して耕し肥やした田畑が六年後に取り上げられるとわかっていて、熱心に畑を耕し土地の改良をする農民などいないのである。

その結果、公地公民制は次第に崩れていくこととなり、天平十五年（七四三）、聖武《しょうむ》天皇の時代に、新たに開墾した土地の私有を認める「墾田永年私財法《こんでんえいねんしざいのほう》」が出され、貴族や寺院が広大な土地を私有するようになった。

結局、「改新の詔」からはじまった土地政策は約百年で実質的に廃止されることになった。しかし、いったん豪族の土地を公民化した効果で、旧来の豪族の勢力は衰退し、代わりに律令制度による中央集権国家の官僚たちが力を持つようになり、新しい貴族が生まれてきた。その筆頭が中臣鎌足《なかとみのかまたり》を始祖とする藤原氏だったのである。

◉日本人のメンタリティの原型となった天武天皇の発想

天智天皇が中大兄皇子の時代に、朝鮮半島の同盟国である百済《くだら》が唐《とう》と新羅《しらぎ》の連合軍に攻められ、皇子は援軍を派遣した。しかし、白村江《はくすきのえ》の戦い（六六三年）に敗れ、百済の貴族とともに日本に帰国した。この敗戦に危機感を募らせた皇子は、壱岐《いき》・対馬《つしま》・筑紫《つくし》に防人《さきもり》を置き、筑紫に水城《みずき》と呼ばれる堤を築いて西国の防備を固めた。また、おそらくは国防上の理由で、六六七年に都を飛鳥《あすか》から近江大津《おうみおおつ》へ移し、翌年即位して天智天皇（在位六六八〜六七一）となった。

天智天皇は息子の大友皇子《おおとものおうじ》（後の弘文《こうぶん》天皇）を皇太子として跡を継がせるが、弘文天皇は在位八か月にも満たないときに、叔父（天智天皇の弟）の大海人皇子《おおあまのおうじ》に討たれてしまう。これが「壬申《じんしん》の乱」（六七二年）である。

弘文天皇を討った大海人皇子は翌六七三年に即位し、天武天皇《てんむ》（在位六七三～六八六）となる。天武天皇が反乱を起こした背景には、近江京遷都《せんと》への不満や、天智天皇が推進した公地公民制度への豪族たちの不満があったのではないかといわれるが、天武天皇は天智天皇の遺志を継いで律令国家の確立につとめた。

また、仏教を篤《あつ》く信じ、薬師寺《やくしじ》を建立《こんりゅう》したり、全国の家ごとに仏壇をつくって仏像を拝むように命じた。しかしその一方では、六八五年に伊勢神宮《いせじんぐう》の式年遷宮《しきねんせんぐう》（原則として二十年ごとに神社を建てなおすこと）を決めているのである。さらに、伊勢神宮のみならず全国の神社の修理も命じている。まさに神も仏も平等に扱っているのである。

この天武天皇的発想はそのまま今に伝わり、新年には神社に初詣《はつもうで》に出かけ、お盆にはお寺詣《まい》りをし、クリスマスには教会へ讃美歌を聞きに行くといった平均的日本人のメンタリティの原型となっている。

天武天皇の死後、宮廷に力を及ぼしていくのが藤原不比等《ふじわらのふひと》（六五九～七二〇）である。不比等は藤原鎌足《かまたり》（中臣鎌足《なかとみ》）の子であるが、天武天皇につかえ、「藤原時代」を築き上げていく。その足掛かりとして不比等は自らの娘を文武《もんむ》天皇に嫁《とつ》がせ、その子・首皇子《おびとのみこ》を皇位につかせ（聖武《しょうむ》天皇）、臣下でありながら天皇の祖父となった。

さらに首皇子の養育係として、元明《げんめい》天皇（文武天皇の母、聖武天皇の祖母）に気に入られて宮廷に力のあった県犬飼連三千代《あがたいぬかいのむらじみちよ》（後に橘三千代《たちばなのみちよ》）を選んだ。この三千代は後に不比等の後妻となり、二人の間に生まれた末娘が聖武天皇の皇后となる。すなわち、聖武天皇の母と妻は姉妹という関係になったわけである。不比等は聖武天皇が即位する四年前に亡くなるが、このように近親相姦《そうかん》的に濃密な血縁関係を築き上げ、宮中を固めていく。

これは本格的な「藤原時代」の先駆けとなる出来事であった。

◉道鏡の野望と和気清麻呂の活躍

聖武天皇のあとを継いで即位したのが娘の孝謙《こうけん》天皇（在位七四九～七五八）である。しかし孝謙天皇には子供がいなかったため、藤原仲麻呂《なかまろ》（恵美押勝《えみのおしかつ》）の推す淳仁《じゅんにん》天皇に譲位する。しかし、孝謙上皇や道鏡《どうきょう》（？～七七二）と対立した藤原仲麻呂が乱を起こし鎮圧されると、その責めを負わされた淳仁天皇は廃位されて淡路《あわじ》へ流されてしまう。そして、孝謙上皇が称徳《しょうとく》天皇（在位七六四～七七〇）として再び即位するのである。

このとき皇室は蘇我氏の時代と同様、再び仏教の毒により皇統が途絶える危機に直面する。その間の経緯を簡単にまとめておこう。

称徳天皇は非常に仏教に熱心であり、法相宗《ほっそうしゅう》の僧であった弓削道鏡《ゆげのどうきょう》をことのほか

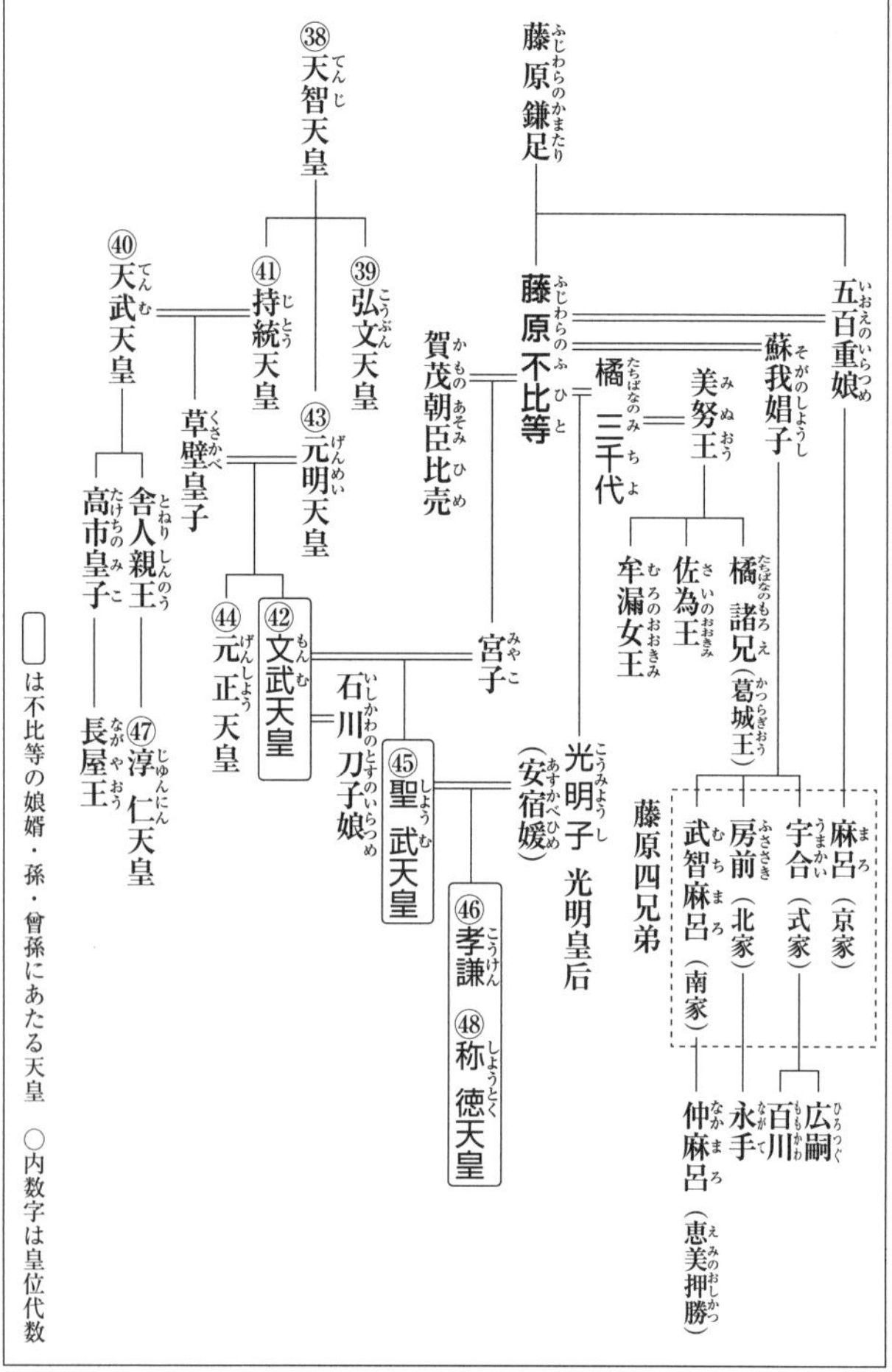

藤原不比等と天皇家の関係

寵愛《ちょうあい》した。道鏡は淳仁天皇に譲位した孝謙上皇が病に臥《ふ》せったときに祈禱《きとう》によって治癒したことで信頼を得て、宮廷に深く入り込み、上皇の深い寵愛を受けることになった。淳仁天皇はそれを諫《いさ》めたが、かえって上皇との関係は悪化し、たまたま起こった藤原仲麻呂の挙兵（恵美押勝の乱）を理由に追放されてしまう。

上皇が称徳天皇として重祚《ちょうそ》すると、朝廷内における道鏡の権力はますます強まり、ついに天皇から法王の称号を賜《たまわ》って、儀式において天皇に準ずる立場に立った（この背後には女帝と道鏡のただならぬ男女の関係があったといわれる）。そして、ついには道鏡を天皇にしようとする動きさえ出てきた。

そのとき称徳天皇は、「道鏡を皇位につければ天下泰平になるだろう」という宇佐《うさ》八幡の神託があったと道鏡から聞かされる。しかし、迷った天皇は臣下の和気清麻呂《わけのきよまろ》（七三三～七九九）に命じて、もう一度、宇佐八幡の神託を受けに行かせることを決める。

和気清麻呂が宇佐八幡へ行くと聞いた道鏡は、清麻呂を呼び、賞罰をちらつかせて圧力をかけた。自分に有利になるように言ってくれれば高い地位につけてやるが、逆らうなら容赦《ようしゃ》しないぞ、と脅《おど》したのである。

しかし清麻呂が持ち帰った神託は次のようなものであった。

「天《あま》つ日嗣《ひつぎ》は必ず皇儲《こうちょ》を立てよ。無道《むどう》の人は宜《よろ》しく早《すみやか》に掃《はら》い除《のぞ》くべし」

つまり、「天皇となる者は皇孫でなければならない。道鏡を絶対に皇位につけてはならない」というのである。

この神託のおかげで、皇統は間一髪《かんいっぱつ》救われたのであるが、道鏡は大いに怒り、和気清麻呂を別部穢麻呂《わけべのきたなまろ》と改名させて、大隅国《おおすみのくに》（今の鹿児島県）に流してしまう。その途中も何度か襲われて殺されそうになるが、そのときに猪《いのしし》三百頭が出てきて清麻呂を助けたという話が残っている。この猪が何かはわからないが、おそらく皇室に味方する土着の部族ではなかったかと推測される。

このため猪は清麻呂の随身として尊ばれることとなった。戦前、和気清麻呂は十円札の肖像となっていたが、そこに猪も一緒に刷ってあった。私の親たちは、この十円札を「猪《いのしし》」と呼んでいたものである。また和気清麻呂を祀《まつ》った和気《わけ》神社（岡山県）には狛犬《こまいぬ》の代わりに「狛猪《こまいのしし》」が飾られている。

その和気清麻呂を助けた人に藤原百川《ももかわ》（七三二～七七九）がいた。百川は大隅国に流された清麻呂に仕送りを続けた。百川も密かに道鏡の排除を企て、清麻呂の側面援助をしていたわけである。

このようにして和気清麻呂の活躍で道鏡の野望は断たれた。道鏡は神護景雲《じんごけいうん》四年（七七〇）に称徳天皇が亡くなると関東の田舎の寺に追放され、その地で生涯を終える。称徳天皇のあと、天皇の王朝は天智天皇系に戻り、光仁《こうにん》天皇が即位すると、清麻呂はただちに召還されて従五位下《じゅごいのげ》に復した。

◉藤原時代の始まり

光仁天皇のあとを継いだのは、同じく天智天皇系の桓武《かんむ》天皇（在位七八一～八〇六）であった。桓武天皇の即位には、和気清麻呂を助けた藤原百川の力が大きかったとされる。

延暦《えんりゃく》十三年（七九四）、桓武天皇は都を京都に移す（平安京遷都《せんと》）。そして京都に移ると、藤原氏の全盛時代がはじまる。奈良においてもすでに藤原不比等が初めて天皇の祖父となり、結婚政策によって宮中の勢力を握り、藤原時代の到来を思わせたが、京都における藤原氏の栄華はそれをはるかにしのぐものであった。

私が昔習ったラテン語の教科書に、「戦《いくさ》はほかの国がする。汝《なんじ》、幸せなるオーストリアよ、結婚せよ。戦の神マルスがほかの国に与えるものを、汝には美の女神ヴィーナスが与えてくれるのだから」という言葉が載っていた。これはオーストリアのハプスブルク家に代々美女が多く、それを有利に利用した結婚政策によって権力の座に上ったことを指している。事実、ハプスブルク家には武名の高い君主もいないのに、神聖ローマ帝国の王冠を受け継いでいた。

藤原氏はこのハプスブルク家と同様に結婚政策によって実権を握っていった。しかし、奈良の時代にはまだ競争する部族もあり、また藤原氏から出た藤原仲麻呂が皇位継承問題で迷惑をかけ、結果として道鏡の勢力拡大を招くという失敗もあった。だが、藤原百川の和気清麻呂への助力もあって、道鏡は排除され、皇統断絶の危機は回避された。それ以後、仏教が日本の皇位の脅威になることは今に至るまでただの一度もない。そして、百川の担《かつ》いだ桓武天皇が第五十代天皇となると、いよいよ本格的な藤原時代がはじまることになる。

平安時代のスタートをひとことで表すならば、藤原氏が宮中への強力な影響力を有するとともに、皇位継承に仏教の脅威がなくなった時代といっていいと思う。

このように藤原氏が全盛を迎えた一つの理由は、他の部族からの安心感があったのではないかと考えられる。藤原氏はどんなに強力になっても、重要なところで節度を守っていたのである。蘇我氏や道鏡のように皇位を狙うという考えは一切なかった。

例えば藤原氏が絶頂を迎えた道長《みちなが》（九六六～一〇二七）の時代、道長は三代の天皇（後一条《ごいちじょう》天皇、後朱雀《ごすざく》天皇、後冷泉《ごれいぜい》天皇）の祖父・曽祖父《そうそふ》になっている。

此《こ》の世《よ》をば　わが世とぞ思ふ　望月《もちづき》の　欠《か》けたることも　無しと思へば

という和歌を詠むほどの絶対的な力を有していた。それほどの力を持っていれば、外国ならば自分が天皇になってもいいところだが、道長にはそんな野心はさらさらなかった。

それはなぜかというと、藤原氏は天児屋命《あめのこやねのみこと》（天照大神《あまてらすおおみかみ》が天《あま》の岩戸《いわと》に入ったときにその前で祝詞《のりと》をあげた）を先祖とする中臣《なかとみ》家の子孫で、神話に出てくる部族のうちでも最も古い名家の一つである。しかも皇孫瓊瓊杵尊《ににぎのみこと》が日本の島にやってきたときは、その先駆部隊としてついてきたことになっている。これは藤原氏の誇りであると同時に、もしも自分が天皇になると、自らの氏族のプライドの源である神話に背《そむ》くことになってしまうのである。

神話の重要さは現代人にはわかりにくいところもあるが、藤原氏はそれを忠実に守った。それがほかの部族にもわかったがゆえに、皆、藤原氏には安心するところがあったのだろう。

藤原氏の政権が安定すると、天智天皇が藤原鎌足《かまたり》とともに築き上げた律令制度がものをいうようになってくる。

律令制度とは、言い換えれば官僚制度である。それまで大きな豪族はそれぞれ自分の土地を持っていたわけだが、大化の改新で一時はすべてが公地公民になった。その後それではやっていけないというので、墾田永年私財法《こんでんえいねんしざいのほう》のような特例がつくられるが、その特例を利用して強大なる土地を持ったのは、その官僚制度をつくった藤原氏だったのである。

だから平安朝における藤原氏の絶対性は、一つは神話に基づく謹《つつし》みがあって天皇家が安泰であると誰にでもわかったこと、もう一つは律令制度をつくりあげた家として、それを利用して広大なる土地を自分のものにしたということ、この二つによって築かれたということになる。特に後者は、法律はつくった者がその法律をいちばん利用しやすい立場にあるという、現代にも通ずる話である。

◉平安朝女性文化の確立

平安時代は長きにわたって平和な時代が続いた。平和な時代が続くとどういうことが起こるかというと、女性の地位が高まるのである。平安時代の女性文化の高さは、人類の歴史を振り返ってもほかに例がないといえるほどであった。

現代は男女共学が当たり前だし、入学試験などでは男女が相争うことになるが、こういうことがはじまったのは平安時代の「歌合《うたあわせ》」からであったろうと思われる。日本に平安時代が現れるまでは、どこの国でも女性の地位が低かったから、男女が同じ場で争うなどということは考えられなかったのである。

象徴的なのは比較的身分の低い女流歌人和泉式部《いずみしきぶ》の歌が勅撰集に二百三十八首も入っていることである。最高権力者であり、書も歌も得意であった藤原忠通《ただみち》のものは七十首くらいしか入っていないのである。これは「和歌の前に平等」という日本の原則がよく守られていたことを示すとともに、女性の地位の向上を示しているともいえるだろう。実際、平安時代には無数の女流歌人が出た。

また、『和泉式部日記』をはじめとするたくさんの女流日記文学が生まれた。エッセイでは清少納言《せいしょうなごん》の『枕草子《まくらのそうし》』があり、小説では世界最古最大の小説『源氏《げんじ》物語』が紫式部《むらさきしきぶ》の手によって書かれている。

しかもこの女性たちはものを書くときにほとんど外来語を使わなかった。あの膨大《ぼうだい》な『源氏物語』の中でも、漢語と呼ばれるものは、例えば「中将《ちゆうじよう》」のような、当時の律令制度として使われていた位ぐらいのもので、普通の地の文章で使うということはほとんどないといってもよい。

唐という大文明の影響下にありながら、そのボキャブラリーをほとんど使わないで大小説を書き上げるというのは実に目覚《めざま》しいことである。チョーサーもシェイクスピアもそんなことはできなかった。ローマ帝国の言葉であるラテン語系の単語だらけだ。『源氏物語』は平安朝文明の高さを最もよく表しているといえるが、それが世界的に認められたのは意外に新しく、二十世紀前半のことである。イギリス人のアーサー・ウェイリー（一八八九～一九六六）が一九二一年から三三年にかけて『源氏物語』の英訳『The Tale of Genji』を出版したのである。

イギリスの極盛期といわれるヴィクトリア朝の時代は、道徳規範が厳しく、小説でもなんでも卑猥《ひわい》な表現をすることは許されなかった。ところが第一次大戦後になると、非常に男女の関係が緩《ゆる》やかになり、自由主義的な雰囲気が高まっていった。そういう新しい風潮を最も実現したインテリや芸術家たちがロンドンのブルームズベリーという地域に住んでいた。そこにはヴァージニア・ウルフ夫妻、バートランド・ラッセル、ケインズ、フォースターなど、日本でもよく知られる知識人たちが多数含まれていたが、アーサー・ウェイリーもそのグループの一人だった。

このブルームズベリーの住人たちはそれぞれつきあいがあり、非常に進歩的な男女関係の観念を持っていたが、ウェイリーが訳した『源氏物語』を読んで非常に驚いた。男女のつきあいを含め、自分たちが世界で最も洗練された倫理観を持って生きていると思っていたのに、それよりも一千年以上も前の日本で、自分たちよりもさらに洗練された細やかな情緒を持つ男女の自由恋愛が描かれた小説があると知ったからである。しかも、その作者は女性であるということが、彼らを二重に驚かせた。

こうして、『源氏物語』は一時期、マルセル・プルーストの『失われた時を求めて』と並ぶ世界の二大小説という評価もあったほどである。これは欧米人たちにとって一種の文明的なショックだったようである。そういう女性たちが縦横に活躍する平和な時代を築き上げたのが藤原氏だったのである。これは立派なものであったといわなければならないと思う。

この平和が一転して崩れたのは、第七十二代白河《しらかわ》天皇の閨房《けいぼう》が乱れ、皇位継承がおかしくなったためである。皇位継承争いに武士たちが巻き込まれ、平和な京都は荒らされることになった。それをきっかけにして武家社会が勃興《ぼっこう》し、日本は女性文化の世から男性原理の武士社会へと一変するのである。

コラム◆女帝となるための特別な条件とは？

日本の皇室の歴史の中に初めて登場する女帝は三十三代推古《すいこ》天皇である。そして三十五代皇極《こうぎょく》天皇が二人目の女帝となるが、このときは日本の皇室が初めて皇統の危機を迎えた時期であった。すなわち蘇我蝦夷《そがのえみし》・入鹿《いるか》親子が勢力を握り、入鹿自身が皇位を狙ったのである。そのため簡単に男系男子を天皇に戴く政治的状況になく、中継ぎとして皇極天皇が立てられたのである。以後、四十八代称徳《しょうとく》天皇の崩御《ほうぎょ》に至るまでの百十五年の間に、重祚《ちょうそ》を含めて七人の女帝が即位された。まさに女帝の時代であった。

ただ、女帝になる方の資格というのは当時の意識としても非常に厳格で、天皇の子か孫であって、しかも天皇の未亡人で妊娠の可能性がないことが条件とされた。未婚の娘が女帝になる場合は、終生結婚しないという前提があった。

女帝の役割というのは、主に政争を避けるためであり、しばしば拮抗《きっこう》している勢力のバランス維持のために置かれた。特に天智天皇のあとは、天智系と天武系の両方ともに正統の皇位継承権があり、その正統争いに藤原氏などの豪族の権力争いが複雑に関与したので、皇統を守るためにしばしば女帝を立てざるを得なかった。

しかし孝謙《こうけん》天皇が重祚して称徳天皇となったとき、称徳天皇はタブーを破って弓削道鏡《ゆげのどうきよう》に皇位を渡しかねないような状況があった。このとき皇室は二度目の皇統の危機を迎えたわけだが、この経験から女帝を置くことに慎重になり、平安時代以降は約八百九十年間、江戸時代に至るまで一人の女帝も出なかった。

徳川時代には二人の女帝が立てられているが、これは皇位を継ぐべき皇子が非常に幼かったためで、その姉に当たる方がまさに中継ぎとして即位された。もちろん、このときの女帝は終生独身であられた。

日本の女帝は、そういう特別な条件のもとに生じ、しかも男系を損なうような性質のものではなかったのである。

念のためにいっておけば、男系というのは父親だけをたどって初代天皇の神武《じんむ》天皇まで遡《さかのぼ》れるということ、神話まで含めて考えれば天照大神《あまてらすおおみかみ》と素戔嗚尊《すさのおのみこと》につながるという意味である。

第二章

中世

「民の暮らし」を意識した武家政権が誕生した

◉四百年続いた平安時代を突如終わらせた原因とは？

平安時代には非常に平和な時代が四百年あまりも続いた。例えば、京都では、第五十二代嵯峨《さが》天皇（在位八〇九～八二三）の御代《みよ》から三百年以上も死刑が行われなかったほどである。

しかし、この平和な時代は突如として崩れてしまった。それはどうしてかといえば、まさに平和な時代の特徴であったルーズな男女関係が皇室にはびこったことによる。その中心人物となったのが第七十二代白河《しらかわ》天皇（在位一〇七二～一〇八六）であった。

白河天皇は最愛の中宮《ちゅうぐう》であった藤原賢子《ふじわらのかたこ》を亡くされ大いに悲しんだ。その後、低い身分の祇園女御《ぎおんのにょうご》を愛されるようになるが、彼女は大納言《だいなごん》藤原公実《きんざね》の娘・藤原璋子《たまこ》（後の待賢門院《たいけんもんいん》）を養い育てていた。白河帝もこの少女を可愛がり、やがてお手つきとなった。

それだけなら珍しい話ではなかったかもしれないが、退位して上皇となった白河院は璋子を孫である第七十四代鳥羽《とば》天皇の中宮にしたのである。さらに、その後も白河院と璋子の男女関係は続いていたらしい。そしてそこに生まれたのが第七十五代崇徳《すとく》天皇であった。

鳥羽天皇から見ると、崇徳天皇は自分の后《きさき》の子だから形式上は自分の子であるが、実の父親は祖父の白河院なのだから、実際は自分の叔父にあたる。それがわかっているから、鳥羽天皇は崇徳天皇を「わが子にして祖父の息子」という意味で「叔父児《おじご》」と呼び、忌《い》み嫌っていた。

白河天皇は上皇（後に出家して法皇）となった後、四十余年もの間、政治の実権を握り続けた。そして鳥羽天皇を二十歳の若さで退位させると、代わりに四歳の崇徳天皇を第七十五代天皇として即位させた。順番からいけば第七十六代天皇には、鳥羽上皇の名目上の長男である崇徳天皇の子の重仁《しげひと》親王がなるべきところだった。しかし、白河法皇が亡くなり実権を握った鳥羽上皇は、自分がされたのと同様に二十二歳の崇徳天皇を無理やり退位させ、自らと藤原得子《なりこ》（美福門院《びふくもんいん》）との間に生まれた躰仁《なりひと》親王を即位させた。これが第七十六代近衛《このえ》天皇であり、崇徳天皇にとっては弟にあたる。

ところが、この近衛天皇がわずか十七歳で亡くなってしまう。鳥羽上皇により若くして退位させられていた崇徳上皇は自分が復位するか、あるいは自分の子の重仁親王を皇位につけることを願った。しかし、鳥羽上皇は第七十七代天皇として、自分と璋子との間に生まれた第四皇子である雅仁《まさひと》親王を即位させた。これが後白河《ごしらかわ》天皇である。後白河天皇は崇徳上皇にとっては同母弟という関係になる。

実は、後白河天皇が即位したのは、早くに母を失い美福門院が可愛がっていた後白河天皇の長男・守仁《もりひと》親王を皇位につけるためであった。それを実現するために、鳥羽上皇

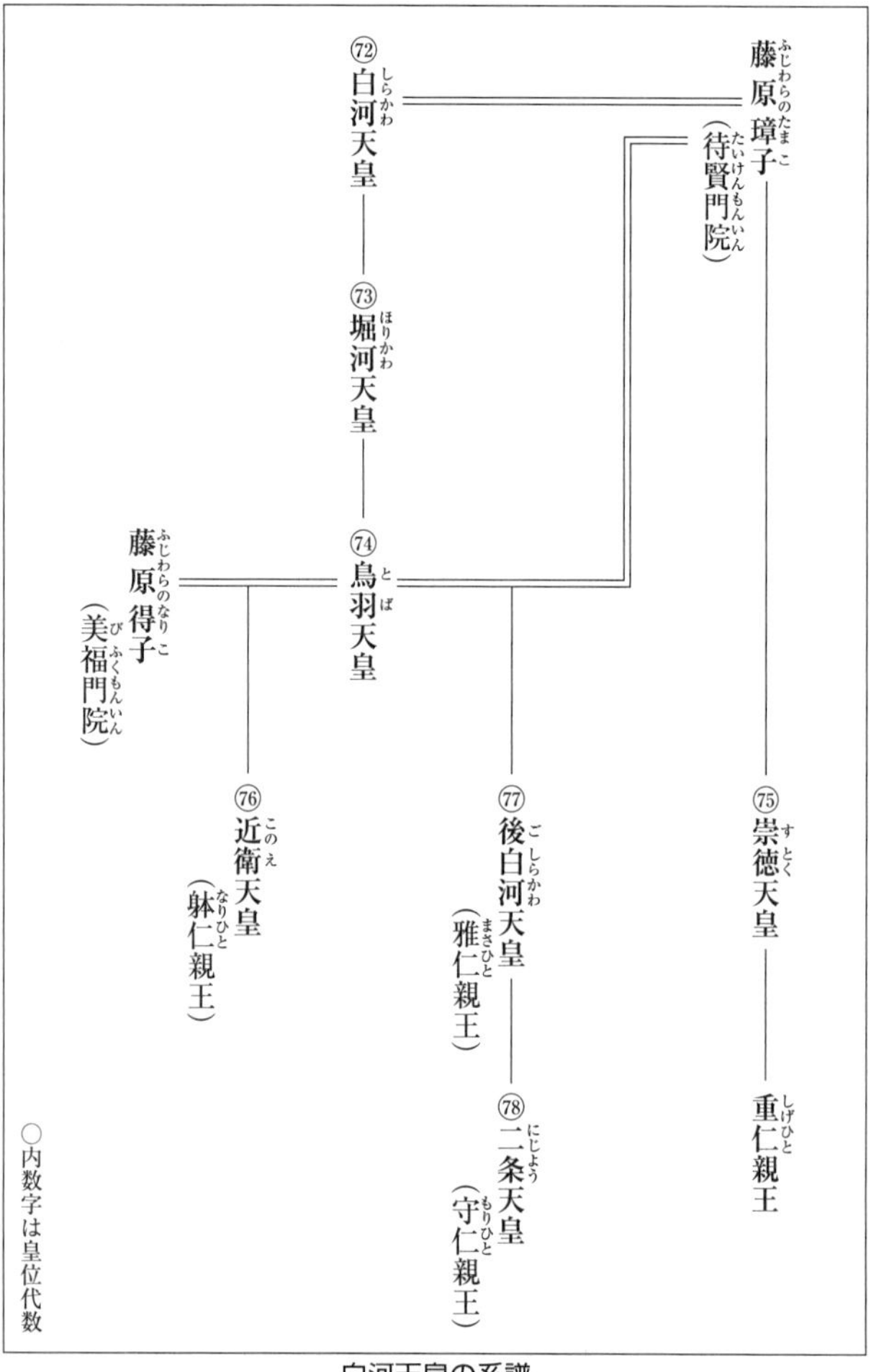
藤原璋子《ふじわらのたまこ》
（待賢門院《たいけんもんいん》）
⑦②白河《しらかわ》天皇
⑦③堀河《ほりかわ》天皇
⑦④鳥羽《とば》天皇
藤原得子《ふじわらのなりこ》
（美福門院《びふくもんいん》）
⑦⑤崇徳《すとく》天皇
重仁《しげひと》親王
⑦⑦後白河《ごしらかわ》天皇
（雅仁《まさひと》親王）
⑦⑧二条《にじょう》天皇
（守仁《もりひと》親王）
⑦⑥近衛《このえ》天皇
（躰仁《なりひと》親王）
○内数字は皇位代数
白河天皇の系譜

は守仁親王の父であり、それほど人気のなかった後白河天皇を即位させたのである。

崇徳上皇にしてみれば面白くない。形の上とはいえ自分は鳥羽帝の長男であるのだから、自分の復位が叶《かな》わないのなら、長男である重仁親王が皇位につくのが当然という思いがある。それゆえに鳥羽上皇が亡くなると、一週間も経たないうちに後白河天皇から皇位を奪い取ろうと兵を挙げる。ここに藤原氏の権力争いがからんで、保元《ほうげん》元年（一一五六）に「保元の乱」が勃発することとなった。

これには藤原氏の内情がからんでいた。藤原氏の権力争いとは、関白太政大臣《かんぱくだじょうだいじん》藤原忠実《ただざね》の長男・忠通《ただみち》と二男・頼長《よりなが》の間の争いのことである。忠実が頼長を偏愛したのに対し、鳥羽上皇が後白河天皇の即位にあたって忠通を信頼し、忠実・頼長親子を遠ざけたところから対立が生じた。その結果、鳥羽上皇から嫌われた者同士である崇徳上皇と頼長が手を結んだのである。

このとき崇徳上皇も後白河天皇も武家の力を借りるべく、それぞれ自分たちの側につく者を召集した。そして後白河天皇の側には平清盛《たいらのきよもり》（一一一八～一一八一）や源義朝《みなもとのよしとも》（一一二三～一一六〇）らが味方をし、崇徳上皇の側には清盛の叔父の平忠正《ただまさ》、義朝の父である源為義《ためよし》と弟である源為朝《ためとも》らが加勢をした。

この戦いは後白河天皇側の勝利に終わり、崇徳上皇側は敗走する。その後、崇徳上皇は髪を下ろして後白河天皇の前に出頭するが許されず、讃岐《さぬき》の松山に配流されてしまう。

その地で崇徳帝は反省と戦死者の供養《くよう》と都を懐かしむ思いを込めて、自らの血で経典を写し、京の寺に納めてほしいと朝廷に送るが、受け取ってもらえずに送り返されてきた。激怒した崇徳帝は自分の舌を噛《か》み切って、その血で送り返されてきた写本に「この経を魔道に回向《えこう》す」「われ日本国の大魔縁《だいまえん》となり、皇《すめらぎ》を取って民とし民を皇となさん」と書きつけた。すなわち「皇室を潰《つぶ》してやる」というのである。以来、崇徳帝は髪も爪も伸ばし放題にし、朝廷への恨《うら》みの塊《かたまり》となり、後に生きながら天狗《てんぐ》になったとされる。そして長寛二年（一一六四）、ついに京へ戻ることなく、讃岐の地で亡くなるのである。

◉後白河上皇の反乱で台頭した平清盛、出世のために使った神話とは？

保元の乱のあと、都では崇徳帝の呪《のろ》いが現れたかのように、勝った者同士が再び争いをはじめる。後白河天皇は側近の信西《しんぜい》を重用して国政改革をめざすが、もともと守仁《もりひと》親王を即位させるためのつなぎとして考えられていたのだから、崇徳上皇を排除した段階で役割は終わっていたのである。美福門院《びふくもんいん》は、当初の予定どおり、信西に守仁親王への譲位を要求する。そして、この美福門院の要求が通り、第七十八代二条《にじょう》天皇が誕生することとなった。

退位させられた後白河上皇は政治力の維持をはかるが、これに対して二条天皇は、美福門院を後ろ盾として、後白河上皇の政治力排除をめざす。後白河上皇はこれに強く反発し、再び自らに味方する勢力を形成する。その結果、後白河上皇と二条天皇を担ぐそれぞれのグループの間で再び争いが勃発するのである。これが平治《へいじ》元年（一一五九）に起こった「平治の乱」である。

平治の乱では、保元の乱の勝ち組であった平清盛が後白河上皇側につき、源義朝《よしとも》が二条天皇側についた。しかし、義朝は保元の乱で自分の父親を殺したために、当時の武士の間では人気がなかったようである。

一方の平清盛は、より利口に立ち回った。結果として義朝は討たれ、当時十三歳であった義朝の息子頼朝《よりとも》も捕えられてしまう。頼朝は当然処刑されるはずだったが、非常に愛らしく、捕縛後も経をあげたりしている姿を見た清盛の継母、池禅尼《いけのぜんに》は自らの亡くした息子に頼朝を重ねて助命嘆願をする。それによって一命を助けられて、伊豆に流されることとなった。結果的に、このとき頼朝を生かしておいたことが平家滅亡の原因となるのである。

さて、勝利を収めた平清盛は栄進を続け、太政大臣《だじょうだいじん》という公家でいちばん高い位につく。これは普通ではあり得ないことである。おそらく、清盛は白河天皇が祇園女御《ぎおんのにょうご》に産ませた落とし子であるという噂を本当のように言い立て、これに多くの人々も納得したのであろう。この手法は後に豊臣秀吉が真似て使っている。武家が宮中で高い位に上がるためには、周囲の人を納得させるための「神話」が必要だったのである。

源氏の衰退で敵がいなくなった清盛は、武力を背景に宮中に影響力を及ぼしていき、ついには自らの娘の徳子《とくこ》（後の建礼門院《けんれいもんいん》）を高倉《たかくら》天皇の后にすることに成功する。そして「平家に非《あら》ざれば人に非ず」というほどの全盛時代を築き上げるのである。

◉初めて平家追討の兵を挙げた源頼政、理由はささいな遺恨

しかし、こうした平家の専横ぶりに不満を募らせる勢力があった。その一人は後白河法皇（出家して上皇から法皇になった）の第三皇子の以仁王《もちひとおう》（一一五一～一一八〇）である。

以仁王は後白河院の三人の息子のうち、ただ一人親王にならず、天皇にもなれなかった。後白河院の第一皇子は二条天皇であり、その死後、あとを継いだのは二条天皇の子である六条《ろくじょう》天皇であったが、この六条天皇はわずか二歳であったため、五歳のときに後白河上皇が退位させた。当然だが天皇には子供がいない。そこで、後白河院は第二皇

子であった高倉天皇を皇位につけた。この高倉天皇の母親は清盛の正室時子《ときこ》の妹である平滋子《しげこ》だったから、清盛にも異存はない。これに対して以仁王は、母親が権大納言《ごんだいなごん》（定員外の大納言）藤原季成《すえなり》の娘という低い位に生まれたうえに、高倉天皇を皇位につけたがっていた清盛からの圧力もあって、親王宣下《せんげ》すらも受けさせてもらえなかったのである。

こうして不満を抱く以仁王を担ぐ者がいた。源三位頼政《げんざんみよりまさ》（一一〇四～一一八〇）という人物である。頼政は平治の乱のとき、最終的に清盛側についたことで生き残った源氏の重鎮である。この頼政は政治的な業績はないに等しいが、弓と和歌にすぐれていたことで後世に伝えられる人物である。

まず弓だが、頼政は近衛《このえ》天皇の御代に宮廷に現れた鵺《ぬえ》（頭が猿、胴が狸《たぬき》、手足が虎、尾が蛇という怪物）を、闇夜であるにもかかわらず、鳴き声で狙いをつけて弓で射て仕留めたというのである。また歌というのは、左大臣藤原頼長《よりなが》がこのときの褒美《ほうび》を渡すとき、ホトトギスが鳴きながら上空を飛んでいたので、「ほととぎす　名をも雲居《くもい》にあぐるかな」と詠《よ》むと、すかさず「弓張月《ゆみはりづき》の射るにまかせて」と返したところから、歌道にもすぐれていると称賛されたという話がある。この歌のうまさで、平家の時代に正四《しょうし》位下《いげ》から従三位《じゅさんみ》に昇進したような人なのである。

この源頼政が源氏として最初の平家追討の兵を挙げる。当時頼政は七十歳を超える高齢であった。その頼政が栄華を誇る平家に反旗を翻《ひるがえ》したのはなぜなのか。そのきっかけとなったのは、ささいな出来事であった。

頼政の息子の仲綱《なかつな》が名馬を持っていた。それを清盛の三男宗盛《むねもり》が欲しがった。仲綱は「馬は武士にとって大切なものだから、やるわけにはいかない」と断るが、宗盛は権柄《けんぺい》ずくで奪おうとする。そのとき頼政は「馬一頭のことでそんなに我を張るな」と仲綱を諭《さと》して、馬を譲らせた。ところが、宗盛はこの馬に「仲綱」という名前をつけて侮辱したものだから、これは武士として許せないと頼政が怒ったというのである。

これがきっかけとなって、源三位頼政は以仁王と一緒になって平家追討の兵を挙げるのだが、時期尚早《しょうそう》だったこともあり、以仁王も頼政も宇治で討たれてしまい、挙兵は失敗に終わる。

しかし、このとき以仁王が全国の源氏にあてて発した「平家追討の令旨《りょうじ》」を頼朝も含め、諸国の源氏が受け取ったことが、後の源氏の蜂起《ほうき》につながるのである。つまり、源氏が立ち上がったもとにあったのは、つまらない出来事だったのだ。馬のことで息子が平家に侮辱された源三位頼政と、自分だけが親王になれなかった以仁王の遺恨《いこん》が結合したことが、そのきっかけとなったのである。

◉勇猛な東国の武士に支えられた源頼朝の挙兵

伊豆に流された源頼朝（一一四七～一一九九）は、二十年間その地でおとなしくしていた。ただ、何もしていなかったわけではなく、公家の三善康信《みよしやすのぶ》と絶えず連絡を取り、京都の状勢を把握《はあく》していた。一方で豪族の助けがなければ何もできないと考え、伊豆の豪族である北条時政《ほうじょうときまさ》の娘政子《まさこ》と婚姻関係を結ぶ。北条氏は元来、平家の流れにあるが、自分の娘を頼朝に与えたのである。

他方、平家は清盛が都を強引に福原《ふくはら》に移してみたり、また平家で最も信望を集めていた清盛の長男重盛《しげもり》が早逝《そうせい》するなど、トラブルが続いた。

治承《じしょう》四年（一一八〇）、頼朝は父義朝の時代から縁故のある関東の豪族に挙兵を呼びかけた。まず伊豆を支配する山木兼隆《やまきかねたか》の館を襲撃し、山木を討ち取るが、続く相模《さがみ》石橋山の戦いで大庭景親《おおばかげちか》率いる平家の大軍に大敗する。

頼朝は山中に逃げ込み、あやうく大庭軍の捜索隊に見つかりそうになる。このとき頼朝が洞窟《どうくつ》にいるのを見た梶原平三景時《かじわらへいぞうかげとき》が「ここにはいない、ほかを探せ」といって頼朝をかばったという話がある。この梶原景時は後に頼朝の重臣となるが、源義経《よしつね》（一一五九～一一八九）と対立し、頼朝に対して義経を誹謗中傷《ひぼうちゅうしょう》したとして、後世、判官《ほうがん》びいきの大衆から憎まれる悪役となる。

しかし、このときは景時のおかげで頼朝は命拾いをし、箱根から真鶴《まなづる》に出て船で房総《ぼうそう》に逃れ、安房《あわ》（千葉県）で態勢の立て直しをはかるのである。

源氏は平安時代後期、八幡太郎義家《はちまんたろうよしいえ》やその父頼義《よりよし》が軍勢をひきつれて奥州の蝦夷《えみし》征伐に出かけ勲功を挙げた。朝廷がそれに対して何も恩賞を与えなかったため、八幡太郎義家は自腹を切って武将たちに恩賞を与えた。それを恩義に感じる者たちが関東地方にはたくさんいた。この者たちは源氏を尊び、八幡太郎義家を神様のように尊敬していた。

その八幡太郎義家直系の頼朝が兵を挙げたというので、源氏恩顧の東国の武士が続々と馳《は》せ参じてきた。それによって反平家軍は二十万といわれるまでに膨《ふく》れ上がった。

頼朝挙兵の知らせは福原にいた清盛に伝えられた。清盛は頼朝討伐軍の派遣を決め、亡き長男重盛の嫡子《ちゃくし》維盛《これもり》を追討使に任命した。五千余騎で福原を出発した平家軍は途中で兵を募り、駿河《するが》国に着いたときには五万の軍勢となっていた。

かたや頼朝の軍勢は源氏ゆかりの地である鎌倉に入り、そこから駿河へ向かった。駿河の黄瀬川《きせがわ》まで来たときに、奥州の藤原秀衡《ひでひら》の庇護《ひご》を受けていた弟の義経が駆けつけてきた。こうして源氏と平家の軍勢は富士川で相まみえることになった。

ところが、平家の軍勢は水鳥の音に怯《おび》えて逃げ出してしまった。これは事前に関東の武士の勇猛さが伝わっていたため、平家側に恐怖感があったためだともいわれている。逃げ出した平家の大軍を頼朝はあえて追撃しなかった。まだ味方についていない東国の武士団の鎮定を優先すべしとの意見に従ったためである。

これとは別に、やはり以仁王《もちひとおう》の令旨《りょうじ》に呼応して信濃《しなの》で挙兵した頼朝の従弟《いとこ》の源(木曾《きそ》)義仲《よしなか》(一一五四~一一八四)は、「倶利伽羅峠《くりからとうげ》の戦い」で平家の大軍を打ち破り、頼朝に先駆けて一足早く京都に攻め込んだ。このときすでに清盛は病死してこの世におらず、後を託された三男宗盛は、幼少の安徳《あんとく》天皇を奉じ、三種《さんしゅ》の神器《じんぎ》とともに都落ちする。

京都に入った義仲は最初、後白河法皇から平家追討の宣旨《せんじ》を下されるが、その関係はすぐに悪化する。後白河法皇や公家たちの目には、義仲は粗野《そや》な人物としか見えなかった。確かに、義仲は「旭《あさひ》将軍」と呼ばれるほど武功にすぐれた人物であったが、礼儀を知らず教養に欠けるところがあった。また、兵糧《ひょうろう》が足りなかったため、略奪をはじめ、皆に嫌われることになった。

この義仲の乱暴な振舞いをやめさせるため、後白河法皇は頼朝に義仲討伐を依頼する。これを上洛《じょうらく》のチャンスと見た頼朝は、弟の範頼《のりより》と義経に義仲討伐を命じる。皮肉な話だが、頼朝に合流した義経が最初にやらなければならなかった仕事は、自分の従兄である義仲を退治することだったのである。

義仲は後白河法皇を幽閉《ゆうへい》し、貴族の官職を取り上げ、自ら征夷大将軍《せいいたいしょうぐん》となって頼朝追討の宣旨を法皇に強要するが、法皇はすでに義仲追討の宣旨を頼朝に下していた。義仲は範頼・義経の大軍を京都に迎え撃つが惨敗し、自らも敗死するのである。

◉滅亡した平家が犯した、致命的な失敗とは？

木曾義仲を退治したあと、範頼と義経に平家追討の院宣《いんぜん》が下った。ここに源平合戦の幕が切って落とされることになった。この平家との戦いで活躍したのは、なんといっても義経であった。一ノ谷、屋島《やしま》、壇ノ浦《だんのうら》と、軍記物語には義経の血沸《わ》き肉踊《おど》るような奮戦ぶりが描かれている。

一ノ谷では、わずか七十騎の兵を率いて断崖絶壁を馬で駆け下り、平家陣営の背後をついて壊乱《かいらん》した。有名な「鵯越《ひよどりごえ》の逆落《さか》とし」である。これは日本軍事史に例のない、目の覚めるような戦いぶりであった。この戦いで、平家は平忠度《ただのり》や通盛《みちもり》など多くの有力武将を失った。

また屋島では、たった五艘《そう》、百五十騎の兵力で敵陣を破り、圧倒的に有利であったはずの平家を海上に追い落とした。

そして源平最後の合戦となった壇ノ浦では、平家の水軍が潮の流れの速さを利して圧倒的に有利に戦いを進めたが、やがて潮の流れが変わって義経の水軍が逆転した。平家は運にも見放されたのである。

このときの戦いでは、平家の猛将、平教経《のりつね》が義経の舟に飛び乗って義経と刺し違えようとするが、義経は有名な「八艘《はっそう》飛び」で舟から舟へと飛び移って、これを逃れたという逸話が残っている。

こうして平家は寿永《じゅえい》四年（一一八五）、壇ノ浦で滅びる。悲劇的だったのは数え六歳の安徳天皇で、祖母にあたる二位尼《にいのあま》（清盛の正室・平時子）に抱かれたまま海中に沈んでいった。安徳天皇の母建礼門院《けんれいもんいん》（清盛の娘徳子）と異母弟の守貞《もりさだ》親王も入水《じゅすい》したが、二人は助け上げられた。平家の総帥《そうすい》、平宗盛《むねもり》（清盛の三男）は嫡男清宗《きよむね》とともに入水するが、泳ぎが達者だったため、あてもなく漂っているところを捕縛され、二人とも後に斬首されている。「平家に非ざれば人に非ず」という有名な言葉を吐いた平時忠《ときただ》も捕らわれ、能登《のと》に流されている。

平家のいちばん大きな失敗は、京都を去るときに後白河法皇を連れて行かなかったことである。平家は安徳天皇を抱えていて三種の神器も持っていたから、本来、官軍なのである。官軍として戦えば非常に有利だったのだが、後白河法皇を置いていったため、逆に後白河法皇が源氏に平家追討の命令を下した。これによって源氏も官軍と称し得る立場になったわけである。この官軍と称し得るというのが、日本国内の戦いではいつの時代も非常に重要だったのである。

これは後に足利尊氏《あしかがたかうじ》が後醍醐《ごだいご》天皇と戦うときにも使った手である。このときも当初は後醍醐天皇のほうが官軍だったはずなのだが、足利尊氏は北朝から追討の宣旨をもらい、錦《にしき》の御旗《みはた》を掲げる立場に立った。錦の御旗の威光というのは、それほど強大なものなのである。

したがって、平家が亡《ほろ》んだ最大の理由は、その錦の御旗を源氏方にも与えてしまった点にあると思う。もしも錦の御旗が源氏になければ、平家は元来、西国に強かったから、九州あたりの豪族も味方につけられたはずである。それができなくなってしまったわけである。

もう一つの敗戦理由としては、平家が都落ちするときに女子供を連れて行ったことが挙げられる。これは避難民の姿である。追いかける源氏は軍人ばかりだから、避難民を軍隊が追いかける形になってしまった。

それから小さな敗戦の理由としては、戦術の失敗があった。例えば一ノ谷の戦いでは、平家は十分に防備を固めていたのでもっと戦えたはずだが、義経の奇襲に総崩れになり、平家の主だった大将たちが死んでしまった。これが戦術的な間違いであり、この戦いの敗北で平家の滅亡は時間の問題となってしまったといっていいだろう。

◉頼朝と義経を対立させた、相容れない大きな溝

このように軍事的には義経が平家を滅ぼしたのだが、源氏の総帥はやはり頼朝だった。当時は、長男であるとか正統であるかどうかが非常に重要な問題だったのである。

頼朝は父義朝の三男であるが、長男義平《よしひら》と二男朝長《ともなが》は平治の乱で命を落としているので、残った兄弟の中では最年長であった。また、頼朝の母は熱田神宮《あつたじんぐう》（草薙剣《くさなぎのつるぎ》を祀《まつ》っている）の大宮司《だいぐうじ》である藤原季範《すえのり》の娘で、ほかの兄弟の母親より飛び抜けて位が高かった。一方の義経は九男であり、母は常盤御前《ときわごぜん》という宮廷の召使いに相当する女性であった。しかも常盤御前は、後に清盛の女になっている。

平治の乱で命を落とした父義朝も、生前、頼朝を源氏の正統と見なしていた。そうすると、当時の武士としては、やはり直系につくのである。頼朝自身も図抜けて頭のいい人だったようで、武士はすべて自分の家来であるという立場を揺るがせにしなかった。そして皇室については野心も何も示さず、干渉しようともしない。高い位につくことにもあまり関心がなかった。ただ、武士は自分が押さえるという一点だけを重んじたので

ある。

そのため頼朝は、壇ノ浦の戦いの後、朝廷から任官された武士たちに帰国禁止令を出した。宮中から位をもらっていた連中はそれをすべて返して戻って来いと命じたのである。ところが、義経にはそれがピンと来ない。

義経は京都と宮中で非常に人気があり、後白河法皇は義経を従五位下《じゅごいのげ》に叙《じょ》し、検非違使《けびい し》太夫尉《たゆうのじょう》（通称「判官《ほうがん》」）の位を与えた。頼朝にしてみれば「源氏の棟梁である自分を通さずに位をもらうとは何事か」ということになるが、義経にすれば兄のために戦ったのだと思っている。その結果、法皇が位をくれるというのでもらっただけではないかという気持ちがある。この食い違いが二人の対立の大きな理由の一つとなった。

頼朝には源氏の正統という意識が非常に強い。ゆえに義経が壇ノ浦で捕らえた平宗盛・清宗父子を鎌倉に護送して凱旋《がいせん》しようとしたときも、頼朝は義経の鎌倉入りを許さなかった。腰越《こしごえ》の満福寺《まんぷくじ》に留め置かれた義経は、自分に叛意《はんい》がないことを綴《つづ》った手紙を頼朝側近の大江広元《おおえのひろもと》（一一四八～一二二五）に託した（いわゆる「腰越状」）。しかし、それを無視され空しく京都へ戻ることになる。その義経を頼朝は謀殺《ぼうさつ》しようとして刺客を送るが、愛妾《あいしょう》、静御前《しずかごぜん》の機転で危うく難を逃れる。

襲撃の翌日、義経は法皇に願い出て頼朝追討の宣旨《せんじ》を申し出る。一方の頼朝も義経を討つ勅命をもらった。後白河法皇にしてみれば、頼朝でも義経でもどちらでもよかったのである。

しかし、義経には家来がほとんどいなかった。ほとんどの武士は源氏の棟梁である頼朝に従ったからである。義経は武蔵坊弁慶《むさしぼうべんけい》ほかわずかな郎党《ろうとう》と静御前とともに吉野山に隠れるが、そこも襲われ、落ちのびる途中で静御前も捕らえられてしまう。

最後は若き日を過ごした奥州の藤原秀衡《ひでひら》を頼って逃げのびる。秀衡は義経をかくまい、義経を将軍に立てて鎌倉に対抗しようとするが、病に倒れてしまう。死に際に三人の息子に義経を主君と仰ぎ頼朝と戦うように遺言《ゆいごん》するが、二男泰衡《やすひら》がこれに背《そむ》き、義経を討つ。泰衡は義経の首を頼朝に差し出すことで和平の道を探ろうとしたが、頼朝は関東の背後に独自政権があるのを嫌い、義経隠匿《いんとく》の罪で奥州に出兵する。その結果、文治五年（一一八九）七月、頼朝軍に攻められ、奥州藤原氏は滅んでしまうのである。

◉鎌倉幕府を開いた源頼朝の大いなる弱点

頼朝は天下の支配体制づくりにも義経を利用した。京から逃げた義経を追うために、全国の行政・軍事・警察権を持つ総追捕使《そうついぶし》という位を朝廷からもらい、義経追討の名目で守護《しゅご》・地頭《じとう》を置いた。これは宮廷および政治の仕組みを熟知した大江広元の知恵だといわれている。

守護というのは軍事指揮官および行政官で、原則として国別に一名ずつおり、幕府ができるときに功績のあった豪族的な御家人、すなわち頼朝と主従関係を結んだ武士がついた。あるいは、朝廷の地方官から御家人になった者もいる。地頭というのは、手柄を立てた御家人に、荘園など土地に対する支配権を与えたものである。守護は自分の国の御家人を率いて幕府の軍務を果たし、謀反や殺人のような重大犯罪を処断した。

この守護・地頭によって、頼朝はあっという間に全国を自分の御家人で占める体制を築き上げてしまった。例えば九州の島津《しまづ》氏も頼朝の御家人であり、中国地方の毛利《もうり》氏も同様である。つまり、日本中の大名のもとになるような家が皆、頼朝の御家人になってしまったのである。

このように天下をがっちり治めて、しかも宮廷には野心を示さないし、口も出さないことを建前とした。結局、要求しないのに右大臣の位をもらったが、頼朝は別に宮廷に仕える気はないので鎌倉から動かなかった。そして、建久三年（一一九二）、鎌倉に幕府を開いたわけである（一一八五年とする説もある）。

ところが、ここで頼朝の弱点が表れた。あとを継ぐ者がいなくなってしまうのである。頼朝自身は源氏の嫡流だからいいが、あとの兄弟はみな腹違いである。そこを疎《うと》ましく思い、頼朝は近親者を次々に殺していった。従弟《いとこ》義仲を殺し、弟の義経を殺し、同じく範頼にも謀反の疑いをかけて殺してしまう。さらに義仲の長男で自分の長女と結婚していた清水冠者源義高《しみずかじゃみなもとのよしたか》も殺している。結局、頼朝が死んでしまうと、その血を分けた男子は長男の頼家《よりいえ》と二男の実朝《さねとも》の二人しか残っていなかった。

二代将軍の座には嫡男の頼家がついたが、妻の実家の比企《ひき》家と母政子の実家の北条家の争いに巻き込まれ、結局追放されて、修禅寺《しゅぜんじ》で北条氏に殺されてしまった。そのあとを継いだ三代将軍実朝も、自分の甥《おい》である頼家の二男公暁《くぎょう》によって殺されてしまう。そして、その公暁も二日後に殺されている。

頼家には公暁のほかに三人の男子がいたが、いずれも非業《ひごう》の死を遂げている。実朝には子がなかったから、ここで頼朝の男系は簡単に絶えてしまうことになった。傍系《ぼうけい》にも将軍職を継ぐ者はなく、源氏はあっけなく終わってしまうのである。

こうして見ると源氏と平家の終わり方というのは非常に対照的である。平家の最後は華やかで、戦場で滅びはしたけれど、厳島《いつくしま》神社の平家納経《のうきょう》のように後世に残る文化を遺した。一方の源氏は鎌倉幕府を遺したが、一族は骨肉の争いと肉親の暗殺で滅びてしまうのである。

◉"民主政権"を実現させた画期的事件、「承久の乱」と北条政子

日本では戦国時代を語るときに「下剋上《げこくじょう》」という言葉が盛んに使われるが、私は、下剋上というよりは、フィギュアヘッド（figurehead）の傾向が非常に強いのではないかと思う。

フィギュアヘッドというのは元来、船首に付ける飾りの彫刻像である。そこから、政治的に単なる飾りにすぎない高位の職を指すようになった。舳先《へさき》についているから一見偉そうだが、実権は何もないというわけである。

このフィギュアヘッドは外国にもあるが、日本においては「建武《けんむ》の中興《ちゅうこう》」以前の北条時代ほど極端な例はないだろう。宮廷と幕府の関係のみならず、幕府内でも将軍がフィギュアヘッドになるという特異な現象が見られた。

すなわち、頼朝《よりとも》のあとを継いだ二代頼家《よりいえ》、三代実朝《さねとも》の時代である。実質的に実権を握っていたのは頼朝の未亡人北条政子《まさこ》と、その背後にいる北条家であった。特に実朝の頃には実権は完全に北条家に移り、北条幕府と呼ぶべきものに変わっていた。源氏の血が絶えてからは、将軍職には公家から幼い子供を連れてきて据え、北条氏は「執権《しっけん》」として実質的な政治を行うようになった。

これが可能になったのは北条政子をはじめ、政子の弟義時《よしとき》、その息子の泰時《やすとき》と、北条

家にすぐれた人物が続いたからである。義時や泰時の立場からいえば、自分の姉、伯母《おば》と一緒になって北条幕府をつくったといってもいいだろう。

北条政子のすぐれたところは、なんといっても決断力である。それをよく表しているのが、承久《じようきゆう》三年（一二二一）、後鳥羽《ごとば》上皇が挙兵して討幕をめざした承久の乱のときの政子の言動である。天皇の軍と戦うのを嫌い、御家人たちは腰が引けていた。そこで政子は動揺する御家人たちに側近の安達景盛《あだちかげもり》を通じてこう演説させた。

「故頼朝公の恩を何と思うか。天下を平定し、泰平の御代《みよ》をひらいた頼朝公の功績はたとえようもなく大きい。いま逆臣の讒言《ざんげん》によって汚名をこうむっているが、頼朝公の功を思う者は鎌倉にとどまり、院に参じたい者は直ちに京に去るがよかろう」

このひとことで御家人たちは奮い立つのである。公家の大江広元も出撃を主張し、政子の裁断で出兵が決まり、御家人に動員令が出された。

そして、時の執権北条義時の嫡男泰時が兵を率いて京へ向かい、後鳥羽上皇軍を破り、後鳥羽上皇、順徳《じゆんとく》上皇、土御門《つちみかど》上皇を島流しにしてしまう。これは画期的な出来事であった。その後、天皇を誰にするかと決めるときも、鎌倉幕府の意見が重んじられるようになった。

ところで、承久の乱は日本の国体の三度目の変化だと私は思う。この「日本の国体は変化すれども断絶せず」というのは、日本史および日本人の国民性を考えるうえでのキーポイントである。

一回目の国体変化は、第三十一代用明《ようめい》天皇の仏教改宗である。

二回目は源頼朝が鎌倉幕府を開いたことによって起こった。宮廷と関係なく天下を武力で征服し、守護・地頭を置いた。これは政治の原理の根本的変化である。

そして三回目の承久の乱では、先に触れたように三人の上皇を島流しにした。さらに順徳上皇の子で四歳だった仲恭《ちゆうきよう》天皇は在位わずか七十日で幕府によって廃された（当時は「半帝」とか、九条家出身なので「九条廃帝」などと呼ばれ、仲恭天皇と追号されたのは明治三年になってからである）。

これ以降、皇位継承を幕府が管理することになった。宮廷の位でいえば、うんと低い武家の頭領が皇位継承を決めていくことになったのである。これはある意味では主権在民のようなもので、大きな国体の変化である。

ついでにいっておけば、四回目の国体変化は明治憲法の発布であり、五回目は敗戦による占領憲法の制定である。先にも述べたが、憲法は英語で「コンスティテューション」といい、これは元来「体質」という意味を持つ。したがって、憲法の制定は国の体質が変わったと考えてもいいだろう。ただ、日本では国体は変わっても断絶はしなかったという点が大変に重要なのである。

◉初めて民政を意識した鎌倉幕府の支柱『貞観政要』とは？

その意味で、鎌倉幕府は民主的政権だったのである。北条氏は日本の歴史上初めて民政を意識して、民の暮らしをよくすべきだという発想を持っていた政権でもある。それが何によってもたらされたかと考えると、おそらく頼朝側近の大江広元を通じて北条氏に伝わった『貞観政要《じょうがんせいよう》』の存在があったものと想像される。

『貞観政要』は、統治者がいかにあるべきかを教えた書物で、唐の第二代皇帝太宗《たいそう》が側近の魏徴《ぎちょう》たちと腹を割って闘わせた政治論をまとめたものである。これはトップのための教訓で、日本には平安時代に伝えられ、清和《せいわ》天皇のときに貞観《じょうがん》という年号（八五九〜八七七）もできたほど宮廷では重んじられた。

北条政子もその重要性を知り、自らは漢文が読めなかったため、公家の菅原為長《すがわらのためなが》に仮名訳させて読んでいる。そして、上の者は威張ったり贅沢《ぜいたく》をしたりしてはいけない、民を重んじなくてはいけないと、『貞観政要』の教える要点を押さえた政治をしているのである。

シナではその後実行されることのなかった『貞観政要』の精神は、日本の武家政治に入り込み、明治初年に日本に来た欧米人すべてを驚嘆させるほど高い民度の国をつくるのに貢献した。

『貞観政要』の精神を泰時などもしっかり受け継いでいく。そのため、北条家の特に初期の執権たちにはさまざまな美談を残した立派な人物が多いのである。

◉日本人自らの手で作った憲法・御成敗式目

源頼朝は朝廷に対しては恭順《きょうじゅん》な態度をとり、つとめて衝突《しょうとつ》を避けた。守護《しゅご》・地頭《じとう》を設置したのは、実質的な日本支配でありながら、古代の律令《りつりょう》をそのままに公家を立てているのである。そして、問題が起こるたびに頼朝自身が従来の不文律《ふぶんりつ》の慣習によって判断していった。

この頼朝の実質主義、慣例主義をもとに成文化《せいぶんか》したのが第三代執権北条泰時《やすとき》の「御成《ごせい》敗式目《ばいしきもく》（貞永《じょうえい》式目）」である。これは聖徳太子《しょうとくたいし》の十七条憲法の項目数を三倍にしたという五十一条の簡単なものだが、当時の武士たちが納得できる道理を主としていたから、武士たちに対しては非常に効き目があった。その方針は、頼朝以来の慣習と、武家の目から見た「道理」を一つにしたものであった。

泰時は、「京都には律令があるが、それは漢字のようなものである。それに対してこの式目は仮名《かな》のようなものである。したがって、これができたからといって律令が改まるわけでは全くない」と言明している。後には条項が追加されていくが、この式目は武家の根本として、多少の変更を加えながら明治維新まで続いた。

では、なぜ武家の原理が道理なのかといえば、当時の幕府には立法権がなかったからである。宮廷には上皇、天皇がいて、太政大臣《だじょうだいじん》がいて、その下にも大臣がたくさんいる。その末端に征夷大将軍が位置しているわけである。将軍の指揮権というのはその下であるわけだから、立法権どころの話ではない。だから「道理」を原理として武家をまとめようとしたのである。

しかし、この道理に基づく式目が明治維新までの武家法の大本になったのは、立法的な権利を振り回さなくても、その内容が皆納得できるものであったからである。

それ以前の日本の立法は、大宝律令《たいほうりつりょう》をはじめとして唐の影響を受けていた。それから明治憲法は当時の西洋、特にドイツの影響が強かった。戦後の憲法はアメリカの命令によるものである。しかし、御成敗式目は日本人が自らの手で作った憲法である。ここに御成敗式目の重要性がある。本当の法律というものは、このように「道理」で納得して、あまり理屈をいわずに皆に受け入れられるものであるべきである。これは特筆大書すべきであって、御成敗式目は本物の「土着の法律」なのである。

これはイギリスの法律のあり方と似ている。イギリスの法律はゲルマン法を基礎にした慣習法である。ドイツやフランスはローマ法に基づいている立法で、いわゆる作った法律である。日本は大宝律令からはじまって皆輸入したものだが、この式目だけはオリジナルである。

武家文化の本質は、わかりやすくいえば、やくざ世界の発想と同じである。やくざの世界は自分たちのシマを守ることに一所懸命であり、親分、義理人情を大切にする。それから女は二次的な役目しかしない。物と同じ扱いで、これはマフィアでも、女のことをthingと呼ぶことからも明らかである。また、武士は恥をかいたら切腹するが、これはやくざが指を詰めるのと同等である。要するに血を以《もっ》て償《つぐな》うわけである。

今から見ると、北条氏の発想法は法律以前の利権団体、やくざかマフィアに近いものだったわけである。しかし、国のいちばんの大将になると、『貞観政要』を使ったような立派な政治をやるようになるのである。

◉日本史上、最大級の危機だった蒙古襲来

文永《ぶんえい》五年(一二六八)、ジンギスカンの孫の世祖《せいそ》フビライ・ハンが高麗《こうらい》を通じて日本に国書を送ってきた。当時十七歳の執権北条時宗《ときむね》は、返書を送ろうとする朝廷の意向を拒

絶し、朝鮮の使者を追い返してしまった。国書の内容が無礼だったからである。

時宗が使者を追い返したことで、フビライ・ハンは日本攻撃の命令を出した。かくして文永十一年（一二七四）、「文永の役」がはじまる。

文永の役のとき、元《げん》（蒙古《もうこ》）軍はおよそ四万、そのうちの八千人は朝鮮の兵であった。元軍はまず対馬《つしま》を襲い、残虐の限りを尽くして全島を奪った。わずか八十騎で迎え撃った対馬守宗助国《そうすけくに》は無残にも玉砕《ぎょくさい》した。続いて上陸した壱岐《いき》でも、守護代平景隆《たいらのかげたか》が自決、その家族も皆殺しにされた。

戦後日本の電力業界の鬼といわれた松永安左衛門《まつながやすざえもん》は壱岐の出身であり、常々「俺の血には蒙古が入っている」といっていたそうである。なぜかというと、壱岐の男はほとんど殺されて女は皆強姦《ごうかん》されたから、というわけである。それほどまでの虐殺が行われたのである。

元寇《げんこう》については戦後あまり語られなくなったが、われわれの子供の頃、蒙古は非常に恐れられていた。「捕まった人たちは手に穴をあけられて船べりに吊《つ》るされた」などという話も伝わっていた。

私がまだ元寇のことを知らない幼い頃に、祖母が孫である私にこんなナゾナゾを出したことがある。

「世の中でいちばん恐いものはな〜に？」

私がライオンとか虎とか、幽霊だとか化け物だとか答えると、祖母は「それはフルヤのモリだ」という。当時は意味がわからなかったが、今思うとそれは古くなって雨漏りする家が恐いという冗談だったようだ。

しかし、実はもっと恐いものがあるというのである。「それは〝モッコ〟というものだ」と。モッコとは何かと聞くと祖母も知らなかったのだが、「いちばん恐いものはモッコなんだ」と繰り返し言うのである。おわかりかと思うが、モッコというのはモーコ（蒙古）のことなのである。元寇のときの蒙古の恐ろしさが、東北の山の中でもこのような形で語り継がれていたわけである。

さて、対馬・壱岐を侵した元軍は十月二十日に博多湾から箱崎付近に上陸し、迎え撃つ鎮西《ちんぜい》（九州）のおよそ五千の日本軍と激烈な戦いがはじまった。

元軍は大陸の戦闘に慣れているため集団戦法で攻めて来て、日本は苦戦する。また、このとき初めて大砲というものを知る。大砲といっても弾丸を撃つのではなく、火薬の塊《かたまり》に火をつけて投げる擲弾筒《てきだんとう》のようなものだったらしいが、経験のない攻撃に日本軍は押され、どんどん退いてしまう。

それでも最後の頃に、九州の豪族の少弐《しように》資能《すけよし》の息子の景資《かげすけ》が射た矢が敵将劉復享《りゆうふくきよう》に当たり、彼が死んでしまう。当時の軍隊のこと、大将が死ぬと戦闘ができなくなって、元軍は日本軍の追撃をあきらめて船に引き揚げるのである。すると日本にとっては幸いなことに、その夜、大嵐が来て元軍の多くの船が沈んでしまった。残った船も撤退を余儀なくされた。

当時の人々がこれを「神風《かみかぜ》」と呼んだのは、まさに実感であったと思われる。

その後、一度は退いたものの、フビライは南宋《なんそう》を征服し、弘安《こうあん》四年（一二八一）、今度は南宋の軍隊を使い、十数万人の大軍を博多湾に派遣してきた。これが「弘安の役」である。

その間に幕府は防衛のための堅固な防壁をつくり、簡単に突入できないように備えていた。また、敵船に切り込むなどの果敢な攻撃もあり、元軍を長期間海上に留めていた。やがて閏《うるう》七月、大暴風雨がやってきて、海上の元軍は全滅した。十数万の元軍のうち、帰国できたのは二割にも満たなかったという。再び神風が吹いたのである。

強力な軍隊を有していた蒙古が侵略できなかった場所は三つあるといわれる。東ドイツの森と、ベトナムのジャングルと、それから日本海の沿岸である。

◉蒙古襲来に毅然と立ち向かった20歳の大将・北条時宗

蒙古襲来に対して、朝廷では諸社寺に国難打開の祈禱《きとう》を命じ、当時の亀山《かめやま》上皇自身も伊勢神宮に参拝して「国難に身を以《もっ》て代わらん。わが命を召されてもいいから敵を滅ぼしたまえ」と奏上《そうじょう》した。それによって神風が吹いたと朝廷は思い込んだ。

そのため、実際に蒙古と戦った武士をあまり重んじなかった。時宗の功績に対する朝廷の評価もきわめて低く、従五位上《じゅごいじょう》から正五位下《しょうごいげ》に位が一級上がっただけだった。

時宗の働きが認められたのは日露戦争の頃で、明治天皇は元寇の際の時宗の苦労を思いやられて、明治三十七年(一九〇四)、勅使《ちょくし》を鎌倉の円覚寺《えんがくじ》にある時宗の墓にお遣《つか》わしになり、従一位《じゅいちい》をご追贈《ついぞう》になられたのである。

実際に、時宗は元の来襲に対して、非常に立派に戦った。

当時は元に滅ぼされかけていた宋から禅の高僧が次々に渡来していた。そのため、その頃から鎌倉の仏教は禅宗が特徴になる。その禅宗の教えを受けた時宗は青年ながら非常に肝《きも》が据《す》わっていて、これには宋の禅師たちも感服している。特に無学祖元《むがくそげん》に参禅してからは、その勇邁《ゆうまい》な気性に磨きがかかった。

蒙古襲来のとき、時宗はまだ二十歳の青年であったが、いささかも慌てることなく泰然としていたのは、祖元の精神的指導に負うところが少なくはないだろう。祖元もまだ二十歳の時宗のことを「二十年乾坤《けんこん》を握定《あくてい》して喜慍《きうん》の色あるを見ず、一風蠻煙《ばんえん》を掃蕩《そうとう》してほぼ矜誇《きょうこ》の状あらず」（二十年間天下を統治して、喜怒を表情に出さず、外敵を掃討しても驕《おご》る素振りを見せない）といって絶賛している。

日本の武士たちはそれまで外国と戦ったことがないから恐れを抱く者もいたらしいが、時宗に会うと皆奮い立って戦場に出かけて行ったそうである。時宗自身は鎌倉にいて動かなかったわけだが、それでも武士たちを奮い立たせるだけの何かを持っていたのであろう。頼山陽《らいさんよう》は『日本楽府《がふ》』の中で、時宗のことを「相模《さがみ》太郎（時宗）は肝《きも》、甕《かめ》の如し」と表現している。

北条時宗という稀《け》有《う》な大将の存在もあり、この蒙古との戦いに幕府は負けず、立派に国土を防衛した。かといって幕府が得たものがあるかといえば、何もない。普通、戦いに勝てば負けた相手の領土を取って武功を立てた者に分けるのが通例である。ところが、外国から攻めてきた元との戦いでは、勝っても得るものがなかったのである。

にもかかわらず、日本中から武士が筑紫《つくし》の浜辺に押し寄せて戦った。武士の中には土地や家屋敷を売り、あるいは質に入れてまで旅費を工面して九州まで駆けつけてきた者もいた。一族の中に戦死者を出した者も少なくない。

それなのに、戦いが終わってみると恩賞は得られず、繁栄しているのは戦った者たちよりも、そういう者に金を貸したり、その土地を買い取った人々であった。出兵した者が家をなくし妻子が飢えに苦しんでいるのに、出兵しなかった者たちが裕福に暮らしているというのは、大きな矛盾《むじゅん》であった。

ゆえに、ここに恩賞問題が生じることになった。これは非常に難しい問題で、長い間解決しなかった。そのために幕府の権威が失われたのは確かである。

また、蒙古襲来に幕府が対応できたのは、義時以来、北条家が倹約につとめて財を蓄え、贅沢《ぜいたく》をせず、武士としての備えを怠らなかったからである。しかし、富もこの戦いで使い果たしてしまった。これによって経済的に鎌倉幕府の基盤は大きく揺るがされることになってしまった。

◉後嵯峨天皇の二男びいきから始まった南北朝の争い

その頃、宋の禅宗とともに朱子学《しゅしがく》が日本に入り、流行する。朱子学は元に押されて南に追いやられながらも生き延びた南宋の学問だから、正統論を唱える。つまり、異民族の蒙古の支配に対して自分たちこそ正統であるという意識と大義名分《たいぎめいぶん》に敏感であったのである。この朱子学の正統思想、大義名分論が日本の宮廷をはじめとして方々に入る。

その宋学《そうがく》が流行《はや》った頃に、皇室に皇位継承のゴタゴタが起こった。皇位をめぐって皇族同士が争うことは世界の歴史上少なくない。皇室の相続問題でもめると決まって天下は乱れる。

ところが日本の場合、そこに三つほど他国とは異なる特徴がある。

第一に、主導権争いは必ず皇室内で起こるということ。

第二に、それと関係するのだが、皇族以外の豪族が天皇になることはない。

第三に、いくらもめても外国からの干渉はない。

以上の三点である。このときの争いもこの範囲内で起こったものであるが、それはいささか大がかりなものとなった。すなわち、南北朝《なんぼくちょう》時代のはじまりである。

南北朝の争いのもとは、後嵯峨《ごさが》天皇の私情によるものである。後嵯峨天皇には久仁《ひさひと》親王（後の後深草《ごふかくさ》天皇）と恒仁《つねひと》親王（後の亀山《かめやま》天皇）という二人の皇子がいた。皇位は当然、長男である久仁親王が譲り受けることになったが、後嵯峨天皇はことのほか、二男の恒仁親王を愛され、皇室財産である所領の多くを恒仁親王に譲ろうとした。

それだけではなく、皇位を後深草天皇に譲った後嵯峨上皇はどうしても恒仁親王を皇位につけたいと考え、後深草天皇が結婚してまだ子供ができないうちに恒仁親王を皇太弟《こうたいてい》とした。さらに後深草天皇が病気になると、まだ十七歳であったにもかかわらず退位させて上皇とし、恒仁親王を皇位につけた。このとき即位した亀山天皇はわずか十一歳だった。

後深草天皇は孝心深く、穏やかな性格の方だったので父に逆らうことはなかった。しかし、父が崩御《ほうぎょ》されたあとは、自分が実権のある上皇として親政を行い、自分の子供を天皇にすることができるだろうという希望は抱いていた。

後嵯峨上皇は文永九年（一二七二）に遺言状を残して亡くなる。その遺言状には財産分与については明記されていたが、誰が宮廷の実権者になるかは幕府にまかせるとしか書かれていなかった。これがトラブルのもとになった。

時の執権時宗は元の襲来に備えて全力を傾注しているところであり、宮廷内の問題には関わりたくないという気持ちだったのだろう。そこで、後嵯峨上皇の皇后であった西《さい》園寺《おんじ》姞子《きつこ》（大宮院《おおみやいん》）に上皇の本心がどこにあったかを問い合わせた。すると大宮院は「後嵯峨上皇は亀山天皇の親政を望まれていた」と答えた。

その結果、幕府は亀山天皇親政を決め、皇太子にも亀山天皇の皇子である世仁《よひと》親王（後の後宇多《ごうだ》天皇）を立てた。かくして皇統は嫡流《ちゃくりゅう》を離れてしまうことになった。

後深草上皇にすれば、これは心外というしかない。自らの院政の望みを断たれたばかりか、正統を継ぐべき自分の皇子が皇位から遠ざけられ、弟の子供が後宇多天皇として即位したのである。

後深草上皇は悩んだ末に出家を考える。それを伝え聞いた時宗は同情し、評定《ひょうじょう》を開いて、後深草上皇の皇子熙仁《ひろひと》親王を亀山天皇の猶子《ゆうし》（子と見なすこと）とし、将来、熙仁親王が即位したときには後深草上皇の院政にすることにして、一応の決着をみた。

この約束は守られ、後宇多天皇は熙仁親王に位を譲り、熙仁親王は九十二代伏見《ふしみ》天皇となる。そして後深草上皇が院政を敷いた。

その後、後深草上皇の系統を持明院《じみょういん》統（後の北朝）と呼び、亀山上皇の系統を大覚寺《だいかくじ》統（後の南朝）と呼ぶようになった。この両統はだいたい交互に皇位を譲り合っていたが、次第に対立するようになる。

当時の天皇の在位期間は八年程度で、これは互いに相手方に皇位が行っているときに「早くこちらに回してくれ」と譲位を促したためである。その仲介役となった鎌倉幕府は、だんだん両統からの督促《とくそく》が煩《わずら》わしくなってきた。そこで正安三年（一三〇一）、時宗の子供の貞時《さだとき》は、両統の即位を十年交替にすると決める。

鎌倉幕府の権威が揺らがなければ、この方式は有効に機能したかもしれないが、幕府は元寇の後始末で弱体化していた。その結果、皇位継承は南北朝の争いへと発展していくことになるのである。

◉鎌倉幕府のアキレス腱となった楠木正成との戦い

第九十六代後醍醐《ごだいご》天皇（大覚寺統／在位一三一八～一三三九）は気性が激しく、また学問に熱心であった。とりわけ好んだ学問が宋学《そうがく》、つまり朱子学《しゅしがく》であった。先に述べたように、南宋で生まれた朱子学は、蒙古《もうこ》の支配に対して自分たちこそ正統であるとし、それを明らかにする正統論や大義名分論を重んじた。後醍醐天皇は、この正統論に深く傾倒した。

後醍醐天皇は三十一歳で即位をする。当時は幼帝が多く、こういう壮年の新天皇は珍しかった。宋学を学んで名分を重視していた後醍醐天皇は、「日本の正統たる天皇の地位が幕府の意向で決まり、皇位継承に幕府が干渉するのは許すことのできない不遜《ふそん》な行為である」と考えた。

さらに、後醍醐天皇の皇太子となっていた邦良《くになが》親王（後二条《ごにじょう》天皇の子）が病気で亡くなると、自分の子である護良《もりなが》親王（一三〇八～一三三五）を皇太子にしたいと考えた。しかし執権北条高時《たかとき》は、持明院統の後伏見《ごふしみ》天皇の子である量仁《かずひと》親王（後の北朝初代光厳《こうごん》天皇）を皇太子に立てた。これは持明院統と大覚寺統が交替で皇位につくという取り決めに従った処置だから幕府が悪いわけではないのだが、気性の激しい後醍醐天皇は非常に腹を立てた。

それは天皇の取り巻きも同じで、結果、後醍醐天皇は鎌倉のいうことは金輪際聞《こんりんざい》くまいと決心する。つまり、大覚寺統から持明院統へ皇位を渡さないと言い出したわけである。十年で皇位を交替するという方式は幕府が勝手に決めたことであり、宋学の大義名分論に照らして考えるとおかしいというのである。ちなみに、このような考え方は幕末維新の志士たちの行動原理にも通じる。志士たちは朱子学の名分論によって幕府の体制を非としたのである。

後醍醐天皇は、正統を守るためにはそれに介入する幕府を討たねばならないと考え、討幕復古《ふっこ》の計画を立てる。

しかし、後醍醐天皇の計画は事前に幕府に知られ失敗する。これが正中《しょうちゅう》元年（一三二四）の「正中の変」である。しかし、このときは、後醍醐天皇は討幕計画に関わりなしとされて処分は免れた。

元弘《げんこう》元年（一三三一）、後醍醐天皇はあらためて討幕計画を練るが、再び計画は漏れてしまう。今度は幕府も黙っておらず、三千の兵を京都に送り武力制圧をはかる。天皇は三種《さんしゅ》の神器《じんぎ》を持って比叡山《ひえいざん》から奈良に逃げ、さらに笠置《かさぎ》山に落ちる。一方、護良親王（大塔宮《だいとうのみや》）は比叡山の僧兵をしたがえて六波羅《ろくはら》の軍勢を敗走させるが、その後、熊野《くまの》に逃れることになる。

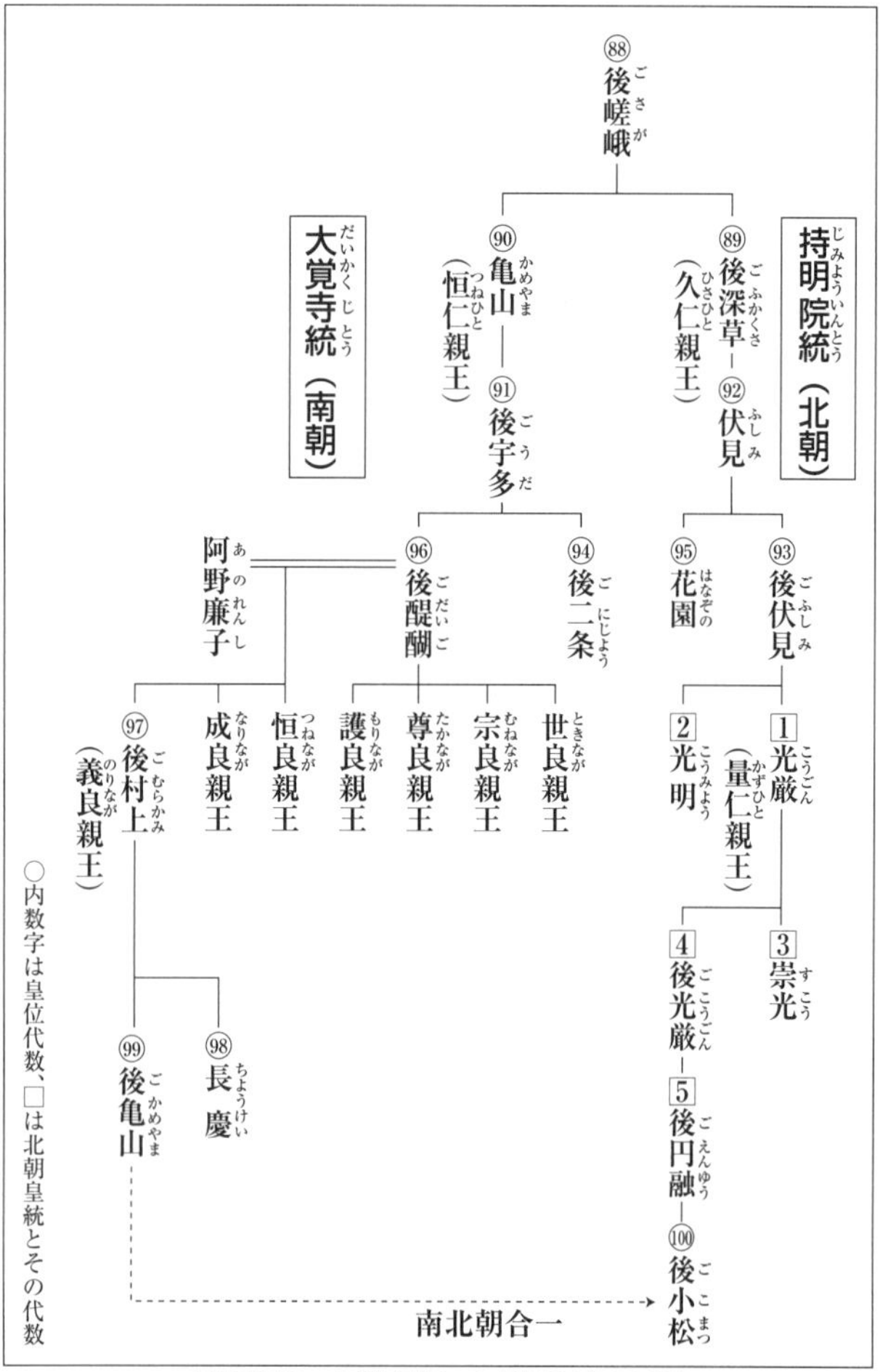

持明院統・大覚寺統による天皇家の系譜

このとき、突如として後醍醐天皇を助けて兵を挙げたのが楠木正成《くすのきまさしげ》（一二九四？〜一三三六）である。彼は宋学を学んでいたともいわれ、正統論から後醍醐天皇の味方をする立場になったようである。楠木正成は天皇と面会したあと、河内《かわち》の赤坂城に立てこもって幕府の大軍と戦いはじめる。

一方、後醍醐天皇は一説には五十万ともいわれる幕府の大軍と笠置山で戦うが、善戦空しく陥落《かんらく》し、三人の側近とともに楠木正成の赤坂城へと向かう。しかし、その途中で幕府に捕まり、元弘二年（一三三二）三月、天皇は謀反《むほん》人として隠岐《おき》に流されてしまう。幕府は次の天皇として持明院統の量仁《かずひと》親王を即位させた（光厳《こうごん》天皇）。

これで事態は収束したかに見えたが、幕府にとっては意外な誤算があった。楠木正成である。赤坂城で幕府軍と激しい戦いを繰り広げた楠木正成は、食糧が尽き援軍の見込みもないというので、城に火を放って逃げ、正体をくらました。戦死したものと思われたが、その一年後に、幕府の留守部隊が警備していた赤坂城を襲い、占領してしまうのである。のみならず、勢力を拡大して金剛山《こんごうざん》に築いた千早城《ちはやじょう》に立てこもり、徹底抗戦をはじめる。

驚いた幕府は八十万といわれる大軍を送り込むが、千早城だけは何か月経っても落ちなかった。この「落ちない」というのは非常に重要であった。やがて幕府が大軍を送り込んでいるのに、小さな城一つを落とせないという噂が天下に知られるようになり、幕府に不満を持つ勢力があちこちで反幕府の兵を挙げはじめたのである。こうして天下の形勢は一変することになった。

このとき反幕府の旗を掲げて挙兵した武士の多くは、後鳥羽上皇が挙兵して失敗した承久《じょうきゅう》の乱のときに上皇側について敗れた者の子孫たちだった。また、大塔宮の命を受けた吉野・十津川《とつがわ》あたりの武士がゲリラ戦を展開しはじめた。さらに大塔宮の令旨《りょうじ》を受けた播磨《はりま》の赤松円心《あかまつえんしん》（一二七七〜一三五〇）も挙兵し、京に攻め入った。

そのうちに後醍醐天皇が隠岐島《おきのしま》から抜け出して、伯耆《ほうき》国（元鳥取県）の船上山《せんじょうさん》で名和《なわ》長年《ながとし》の援助で兵を挙げる。おかしいのは、後醍醐天皇討伐のために派遣されたはずの足利高氏（尊氏）まで天皇に帰順し、幕府に対して寝返ってしまう。同じく新田義貞《にったよしさだ》（一三〇一〜一三三八）は関東で兵を起こして鎌倉に攻め入り、幕府を滅ぼすのである。

◉デタラメな恩賞で武家を敵に回した、建武の中興

このようなことが一か月くらいの間にバタバタと起こった。そして後醍醐天皇は京都に戻り、政治を執ることになった。源頼朝が幕府を開いてから百四十年ぶりに政権は朝廷に戻った。これがいわゆる「建武《けんむ》の中興《ちゅうこう》」である。

ところが建武の中興はうまくいかなかった。恩賞がでたらめだったのがそのいちばん大きな理由である。北条幕府が元寇後の恩賞問題で衰退していった失敗を、後醍醐天皇も繰り返してしまったのである。

ただ、北条幕府の場合は同情すべき点もあるが、今回は同情の余地がない。というのも、恩賞は全く不公平なものだった。誰にどれだけの恩賞を与えるかは後醍醐天皇の気分次第であり、あるいは寵愛《ちょうあい》していた阿野廉子《あのれんし》（一三〇一～一三五九）という側室の意見によって左右された。

後醍醐天皇にしてみれば、自分と一緒に隠岐島のような、当時は地の果てみたいな場所に流されたときについてきた女官や公家に重きを置きたい気持ちがある。また、当初味方についていた比叡山《ひえいざん》の僧なども恩賞を求めてきた。後醍醐天皇はそういう者たちに莫大な領地を与えた。

万里小路藤房《までのこうじふじふさ》という後醍醐天皇が笠置山に逃げるときから付き従っていた名門の公家が恩賞の調整をしたが、天皇の特旨《とくし》によってひっくり返されることもしばしばあった。それを諫言《かんげん》しても天皇は耳を貸そうとしない。これにはさすがの忠義の藤房も絶望し、出家して姿をくらましてしまった。

そもそも建武の中興は平安時代のような王朝への復古をめざすものであり、公家と女官の朝廷文化華やかな時代を理想としていた。また、後醍醐天皇は天皇親政が実現したのは宋学的理念のおかげだと思っているから、武家などは見下すべき存在で、むしろ武家なき世こそ望ましいと考えていたのである。

だから武士たちは必ずしも報われなかったのである。京都に最初に突入する大手柄を立てた赤松円心は、恩賞ともいえないようなほんの一荘《しよう》を与えられただけだった。建武の中興の立役者《たてやくしや》というべき楠木正成さえ、もともとの領地である河内《かわち》と摂津《せっつ》を与えられただけだった。

例外は足利尊氏と新田義貞である。この二人は北条方から寝返ったが、どちらも源氏という出自《しゆつじ》のよさがあった。武家をなくしたいと後醍醐天皇は考えたが、武家の力なしに天皇親政はかなわないこともわかっていた。そこで、家柄を重視するという宮廷風のやり方で、この二人を取り上げたのである。

足利家は八幡太郎《はちまんたろう》源義家《よしいえ》の子義国《よしくに》の二男義康《よしやす》の子孫であり、新田家はその義国の長男義重《よししげ》の子孫である。系図だけなら、新田義貞のほうが上になるが、新田家は名家とはいえ田舎の豪族であるのに対し、足利家は代々北条家から嫁を取るなどして家格が上と見なされた。これにより、足利尊氏が武家では勲功《くんこう》第一ということになった。

だが、公平に見れば尊氏の功績はそれほどではない。鎌倉を滅ぼした新田義貞、千早城で頑張った楠木正成、京都に一番乗りした赤松円心、そして大塔宮《だいとうのみや》護良《もりなが》親王の不屈の戦いと令旨《りょうじ》がなければ建武の中興はならなかった。尊氏の功績はこの四人に比べて明らかに見劣りする。

しかし、その足利尊氏が武士の首領となって、後醍醐天皇と敵対することになるのは、それだけ武士たちの不満が高まっていたということである。恩賞が欲しくて命がけで戦ったのに、僧侶や女官や踊り子の下に置かれたのだから当たり前である。楠木正成ですら後醍醐天皇は皇太子に譲位すべきだと考えていた。赤松円心などは「すぐに天皇親政をやめ、武家政治に戻すべし」と主張した。

この円心の意見は武家たちの総意といってもいい。では、その武士たちの首領となり得るのは誰かといえば、源氏の正統の家柄からいっても、人間的な器量からいっても、尊氏が最適だったのである。

◉足利幕府成立後、南北朝が統一されるまで54年もかかった理由とは?

足利尊氏は政治の実権を握るべく画策をはじめる。まずそりの合わない護良《もりなが》親王を排除するため、自分の子を皇太子にしたがっている阿野廉子《あのれんし》と手を結び、後醍醐天皇に対して「護良親王に謀反の恐れあり」と讒言《ざんげん》をした。天皇はそれを信じ、親王を捕らえ鎌倉に送り、尊氏の弟足利直義《ただよし》の監視下に置いた。護良親王はその翌年、北条時行《ときゆき》の鎌倉攻めの際に、鎌倉を脱出する直義の独断で殺されてしまうことになる。

尊氏はその北条時行を討伐するために自ら征夷大将軍を名乗り、勝手に出陣する。すると在京の武士の半数以上がこれに従った。朝廷は尊氏を懲罰にかけることもできず、逆に従二位《じゆにい》を授け、労をねぎらい、兵を京に戻すように促すが、尊氏はそれに従わなかった。それどころか、鎌倉で勝手に論功行賞《ろんこうこうしよう》をはじめ、部下たちに土地を与え、寺社にも寄付をした。これによって武士の間で尊氏の人気は一段と高くなった。もはや尊氏ははっきりと反朝廷へと旗幟《きし》を鮮明にしていた。

これに対抗したのが新田義貞である。尊氏が論功行賞として与えた土地が東国にあった新田の領地であったことを聞いた義貞は、逆に畿内にある足利方の土地を取り上げた。これにより二人の対立は決定的なものになり、義貞は天皇側の総帥として尊氏と対峙《たいじ》することになった。

尊氏と義貞の戦いは初め義貞が押していたが、尊氏のほうが戦術において一枚上手で、最終的に尊氏が勝利した。その後、尊氏は京に攻め上るが、北畠顕家《きたばたけあきいえ》、楠木正成や名和長年《なわながとし》などと戦って敗れ、九州まで逃げる。

それは赤松円心の提案だったといわれている。手柄を立てたのに何ひとつこれという恩賞をもらえず朝廷に恨みがある赤松は、尊氏が新田軍に敗れて播磨《はりま》に来たとき、二つの案を進言する。そして尊氏はそれを二つとも実行したのである。

その案とは、一つにはひとまず九州に逃げて勢力を立て直すべきであること、そしてもう一つは、戦争には「錦《にしき》の御旗《みはた》」が必要だから光厳《こうごん》天皇から院宣《いんぜん》をもらうべきであること。持明院《じみょういん》統の光厳天皇は、建武の中興で政治的には御用済みのような形になっていたが、もともと正式にあとを継いでいるのだから、院宣を与えることができる。それをもらえば尊氏も官軍になれるのである。

尊氏は赤松の案に従って九州で大軍を集め、京に攻め上る途中で院宣を受け取った。これで尊氏も官軍となったのである。一方、これは京都側にとってひどく具合の悪いことになった。

尊氏が大軍を引き連れて攻め上ってきたと聞いたとき、楠木正成は「尊氏軍と正面から戦ってもかなわないから、天皇はひとまず比叡山《ひえいざん》に逃れて時機を待ってはどうか」と進言した。あえて敵の大群を京都に入れ、正成が河内から出撃して食糧輸送の道を断ち、足利軍を兵糧攻めにしようというプランである。大軍であるほどすぐに食糧が不足するから、そこを討とうというのである。

ところが、公家たちが「天皇が京を去るのはよくない」などと口を出し、楠木正成の計画は入れられなかった。文民統制の失敗である。仕方なく楠木正成は自分の意に反して出陣し、摂津国湊川《みなとがわ》で玉砕《ぎょくさい》するのである。

結局、後醍醐天皇は比叡山に逃げ込むが、最後には足利尊氏との和睦《わぼく》を受け入れて光厳天皇の弟である持明院統の光明《こうみょう》天皇に三種の神器を譲り、太政《だじょう》天皇という名目のみの位をもらって花山院《かざんいん》に幽閉《ゆうへい》されることになった。

しかし、後醍醐天皇はまだあきらめなかった。その後、花山院を脱出して吉野（奈良県）に逃げ、尊氏側に渡した神器は贋物《にせもの》であるとして、吉野朝（南朝）を開くのである。

その後のありさまをざっと整理すると、楠木正成が戦死した後、後醍醐天皇の二人の皇子、恒良《つねなが》親王、尊良《たかなが》親王とともに北陸に逃げた新田義貞は延元《えんげん》三年（一三三八）、越前藤島《ふじしま》で戦死する。同四年に後醍醐天皇は吉野で没し、正平《しょうへい》三年（一三四八）には楠木正成の嫡男楠木正行《まさつら》が四条畷《しじょうなわて》で高師直《こうのもろなお》の大軍と戦って華々しく戦死する。そして暦応《りゃくおう》元年（延元三／一三三八）、尊氏が光明天皇から征夷大将軍に任じられ、ここに足利幕府（室町幕府）が成立するのである。

しかし、南朝は後醍醐天皇の死後も続き、南北朝が一つになるのは幕府が開かれてから五十四年後の明徳《めいとく》三年（元中《げんちゅう》九／一三九二）のことであった（明徳の和約）。

そこに至るまでには紆余《うよ》曲折《きょくせつ》があった。尊氏の弟の直義《ただよし》が尊氏の側近高師直と対立したことをきっかけに南朝に降伏し、南朝と合体することで力を増強して高師直を討つという椿事《ちんじ》も起こった。このとき直義はすぐに南朝と手を切り尊氏と和解するが、その後、尊氏側と直義側の武将の間でもめごとが起き、両者は対立する。すると尊氏は再び直義と南朝が手を結ぶのを恐れ、先手を打って自分のほうから南朝に降伏を申し出るのである。まことに不思議な事態というしかないが、この時期、南朝は足利兄弟の争いのキャスティングボートを握る存在になっていたわけである。

北朝の存在は否定され、南朝は一時的に京都を再支配することになった。京都はその後再び北朝の手に戻るが、両者が合体するまでにさらに三回、南朝軍が一時的に京を占領しているのである。

その南朝を支えていたのはほとんど北畠《きたばたけ》親房《ちかふさ》（一二九三〜一三五四）一人だったといってよいだろう。そもそも「南北朝」という考え方自体、北畠親房から出たと考えていい。親房は南朝の総参謀長として、おそらくは宋《そう》の司馬温公《しばおんこう》が記したシナの歴史書である『資治通鑑《しじつがん》』から着想を得て、南朝・北朝という概念を打ち立てたものと考えられる。そして、南朝のレジティマシー（正統性）を唱えて士気を鼓舞したのである。

南朝のある吉野は山の奥だが、大和・紀伊・伊勢の三国を範囲としていた。熊野や伊勢の海を押さえていたので海上の往来は便利で、日本中に情報伝達することも命令を出すことも可能だった。

北畠親房は『神皇正統記《じんのうしょうとうき》』という南朝の正統性を主張した歴史書を書いている。後世に残るこの歴史書は、彼が南朝勢力拡大のために船で奥州に向かう途中、暴風に遭って難破し、常陸国《ひたち》（茨城県）に上陸して小さな城に籠城《ろうじょう》していたときに書かれたものである。もともとは後醍醐天皇の息子の義良《のりなが》親王（後の後村上《ごむらかみ》天皇）のために書かれたともいわれている。

後醍醐天皇には政治的なセンスが欠如していたが、吉野に南朝を開いたあとも精神は潑剌《はつらつ》として、最後まで頑張った。阿野廉子《あのれんし》も最後まで天皇を支えた。

しかし、楠木正成の三男の正儀《まさのり》などは、いつまで戦っても見込みがないと北朝との和《わ》睦《ぼく》をめざし、一時は北朝に投降して一族の怨《うら》みを買ってしまった。

その後、北畠親房が死に、楠木正儀の子正勝《まさかつ》が落ちたことのない千早城《ちはやじょう》で敗れてしまい、南朝は和平に応じるより道がなくなった。そして足利三代将軍義満《よしみつ》の時代に南北朝が合一されるのである。

ここまで南北朝時代が続いたのはなぜか。それは、南朝も北朝も皇位継承権がある男系だったからである。明治の皇室典範《こうしつてんぱん》はこの前例を踏まえて作られている。

さて、足利幕府は南北朝の合一に成功した義満の時代に非常に大きな力を得た。義満自身は天皇に肩を並べるような、あるいはかっての蘇我入鹿《そがのいるか》や道鏡《どうきょう》にも比べられるような権威を持った。すなわち自分の妻を天皇の母（国母《こくぼ》）にし、義満自身は太上天皇《だいじょう》（天皇の母の夫）という立場に立ったのである。そしてついには、偏愛していた二男の義嗣《よしつぐ》を天皇にしようと画策した。

ところがそんな計画を立てた途端に発病し、十日後くらいにあっけなく死んでしまうのである。すると不思議なことに、義満の息子は逆に皇室尊重の態度を示すのだから日本という国は面白い。

日本の皇室は、山あり谷ありで、何度も切れそうになりながら辛《かろ》うじて続いてきたようなところがある。

イギリスの歴史家・チェスタトンは、ローマ教皇について、時にろくでもない教皇が出たり宗教革命が起こったりするが、あとから見るとちゃんと続いてきている。これは馬乗りの名人が山あり谷ありの難所を駆け抜けてきて、馬から落ちそうだけれども落ちないで続いているのと似ているといったが、その感じは日本の皇室にもたとえられる。

神代から見てくると、皇室は何度も断絶の危機に瀕《ひん》していることがよくわかる。しかし、それを乗り切って、次第に万邦無比《ばんぽうむひ》な安定した王朝になっていったのである。

◉中世に終わりを告げ、近世の扉を開く先駆的事件・応仁の乱

足利幕府は八代将軍義政《よしまさ》のとき、継承問題からこじれてくる。義政の正室日野富子《ひのとみこ》にはなかなか男子が生まれなかった。そこで義政は自分の弟で仏門に入っていた義尋《ぎじん》を還俗《げんぞく》させ、足利義視《よしみ》と名を改めさせて次の将軍にしようとした。ところが、その途端に日野富子は妊娠し、翌年男児（足利義尚《よしひさ》）を出産する。当然のことながら、日野富子は義尚にあとを継がせたくなる。

結局、義視には細川勝元《ほそかわかつもと》（一四三〇～一四七三）、義尚には山名宗全《やまなそうぜん》（一四〇四～一四七三）と、それぞれ有力な守護大名《しゅごだいみょう》が後見人となり対立するようになった。そして、細川と山名を軸に応仁《おうにん》元年（一四六七）、全国を二分した応仁の乱が起こるのである。

徳富蘇峰《とくとみそほう》（一八六三～一九五七）は画期的な歴史書『近世日本国民史』を残している。これは織田信長の時代から筆を起こし、明治の西南戦争とそれに続く大久保利通の死までを記述した全百巻の膨大な近世史で、大正七年（一九一八）から執筆を開始し、昭和二十七年（一九五二）にようやく完結した。

蘇峰はそもそも明治天皇一代史を書くつもりでどんどん歴史を遡《さかのぼ》り、「建武《けんむ》の中興《ちゅうこう》」で一区切りというところまで考えた。しかし、きりがないというので、日本の近世史を織田信長から書きはじめたのである。

それは確かに一つの見識といえるだろうが、歴史のディテールを考えると、私は「応仁の乱」から近世をはじめてもいいのではないかと思う。

応仁の乱は京都を荒廃させるなどのマイナス面もあったが、日本の歴史に大きな影響を与えた。応仁の乱の前と後では、日本の貴族、豪族がほとんど入れ替わってしまうのである。皇室と公家のほかでそれ以前の名家で残るのは、島津《しまづ》、伊達《だて》など、三つ四つだけであり、残りはほとんどすべて入れ替わっている。

京都大学の東洋史学者内藤湖南《ないとうこなん》は、はっきりこういっている。

「大体今日の日本を知る為に日本の歴史を研究するには、古代の歴史を研究する必要は殆《ほとん》どありませぬ。応仁の乱以後の歴史を知って居ったらそれで沢山です。それ以前の事は外国の歴史と同じ位にしか感ぜられませぬが、応仁の乱以後は我々の真の身体骨肉に直接触れた歴史であって……」（大正十年八月、史学地理学同攻会講演『増補　日本文化史研究』弘文堂書店・大正十三年・一九三ページ）

応仁の乱以後が今の日本の歴史につながっており、それ以前は今の日本とあまり関係ないという極端な意見だが、これはある程度は確かなのである。

では、応仁の乱とはどういう争いであったのか。これは先に述べたように足利将軍家の後継争いに端を発したわけだが、これにはもう一つの相続争いがからんでいた。すなわち斯波《しば》と畠山《はたけやま》という将軍を補佐する管領《かんれい》家に起こった家督《かとく》相続をめぐる内紛である。そこに細川・山名の二大勢力の対立が持ち込まれ、ついに全国の武士が細川の東軍と山名の西軍に分かれて争い、大乱へと発展していくわけである。そう考えると、応仁の乱とは、結局は相続争いという名の所領争いであったといってよいだろう。

応仁元年にはじまった応仁の乱は十一年も続いた。京都は戦場になり焼け野原となったが、大名がそれぞれ自分の領国に戻って、自国の経営につとめた。それに加えて、公家や禅僧が都を逃れ地方に散っていったことで、全国各地で文化が興《おこ》った。

例えば、九州の菊池《きくち》家の菊池重朝《しげとも》は臨済宗の僧桂庵玄樹《けいあんげんじゅ》を招き、学問の普及につとめた。この桂庵玄樹は後に島津家に招かれて、『大学章句《だいがくしょうく》』を出版するが、これは日本で初めて出版された朱子学の書物であった。

また関東管領上杉憲実《かんとうかんれいうえすぎのりざね》は、足利学校を再興し、円覚寺《えんがくじ》の僧を校長に招き、北宋で出版された貴重な書物（宋版《そうはん》）を寄附している。この足利学校はフランシスコ・ザビエルも「日本最大の坂東（関東地方）のアカデミー」と記してヨーロッパでも知られるようになった。太田道灌《おおたどうかん》、上杉謙信《けんしん》、武田信玄《しんげん》など、関東に学問のある大名が出たのも足利学校の影響と考えられる。

中央政府が弱体化するから、地方の豪族は自ら国を治める方法や民を手なずける方法などを工夫しなければならなかった。そこから、古今の制度を研究しようという動きも起こった。また、戦乱の都を離れて地方に下った公家の娘が大名に嫁《か》することもあった。このようにして、地方に文化が広まったのである。

また、もう一つ特筆すべきなのは、伊勢神宮が庶民に支えられる全国的崇敬《すうけい》の対象となったことである。それまでは伊勢神宮は神社の中の神社であり、一般の人の参拝は許されていなかった。しかし、応仁の乱が起こると、神社を維持するための貢物《こうもつ》を朝廷から出すことができなくなったため、伊勢の御師《おんし》たちは維持費を集めるために、伊勢神宮参拝の講中《こうちゅう》をつくった。すなわち、下級の神職たちが日本中を回って講をつくり、年末に暦や御祓《おはらい》を配り、参詣《さんけい》者のための案内や宿泊の世話をするようになったのである。

これによって、伊勢神宮を庶民でも参拝できる神社に変えてしまったのである。これは非常に大きな変化であった。

応仁の乱をきっかけに、こうした変化が全国的に起こった。その点で、応仁の乱は民主化の力を持っていたといえるだろう。中世に終わりを告げ、近世の扉を開く先駆け的な出来事であったといってよいと思うのである。

コラム◆足利義政によって確立された、日本人の美意識

足利八代将軍義政《よしまさ》は東山文化を築いた人物として知られる。応仁の乱で焼け落ちた都を離れた義政は、文明《ぶんめい》十四年（一四八二）、東山山荘の造営をはじめ、そこに銀閣《ぎんかく》を建てた。銀閣には当初、祖父である三代将軍足利義満《よしみつ》が造った金閣《きんかく》にならって銀を施すつもりだったらしいが、銀を貼るほどのお金がなかったようで地味な造りになった。しかし、日本人にしてみれば、いぶし銀というのは渋い趣味の最も特徴的な言い方である。それがかえって好まれて、銀閣寺文化（東山文化）が生まれるのである。

絢爛豪華《けんらんごうか》な義満の北山文化に比べ、東山文化は「わび・さび」や「幽玄《ゆうげん》」を特徴とした。義政は、書画、茶碗、茶の湯といったものに対する独特の審美眼《しんびがん》を発揮した。茶室をわずか四畳半という小さな造りとしたり、また当時シナではあまり高く買われていなかった牧谿《もつけい》の水墨画を評価した。

こうした義政の感覚は日本人の感性と見事に合致した。それ以後の日本的な美の感覚というのは、義政の系統を引くものといってもよいだろう。ゆえに義政が愛し

た茶道具は信長や秀吉の時代になると大名物《おおめいぶつ》となり、飛びきりの高値がついて、城一つとでも交換したいというような話にもなった。

義政は応仁の乱を引き起こした当人であり、政治的な能力は評価できたものではないが、こと美的な感覚については一種の天才であったといっていいだろう。義政によって日本人の美意識が確立されたと考えれば、やはり忘れてはならない歴史的人物ということになるだろう。

第三章

近世

新時代は信長の比叡山焼き討ちから始まった

◉戦国時代百年は、日本の宝であった

応仁の乱は将軍の権威を著しく衰えさせたが、それだけではなく、守護大名が家臣に実権を奪われるという事態を生じさせた。いわゆる「下剋上《げこくじょう》」である。こうした風潮の中、日本中に新しい戦国大名が誕生することになった。

戦国時代は約百年といわれるが、私はこの戦国時代がなかったら日本は実に寂《さび》しい国になっただろうと思う。戦国時代の武将の言行を書き留めた『名将言行録《めいしょうげんこうろく》』という本がある。この本は館林《たてばやし》藩士であった岡谷繁実《おかのやしげざね》（一八三五～一九一九）が戦国時代の武将から江戸中期の将軍までの事績をまとめたものである。いろいろな武将が戦場で発した言葉、実際の行動、また戦いに臨む心得、相手との駆け引きなど、さまざまな知恵が事細かに記されている。これはまさに日本の宝ともいうべき内容であって、日本人を利口にするのに大いに役立ったと思う。

シナには春秋・戦国という荒れた時代があり、その時代の逸話を書いた『史記』や、歴代王朝の歴史の面白いところを抜いてまとめた『十八史略』などがあるが、『名将言行録』はそれに匹敵する書物である。明治になってから出版されたため、古典の感覚で受け取られないのが残念だが、これはシナの歴史における『十八史略』くらいの価値は十分にある。

さて、その『名将言行録』に詳しく書かれているが、戦乱を利用して新しく頭角を現した大名たちは、いつ隣国から攻められるかわからないという状況におかれ、まず自分の国を固める必要があった。そのため、家臣を大切にし、民衆に目配りをした。それをうまく利用して最初に戦国大名となったのが北条早雲《ほうじょうそううん》であった。北条早雲は民衆の扱い方がうまく、四公六民という前例のない安い税率を敷いたため、隣国の百姓が北条家の領民になりたいと願うほどだった。

また、当時の戦国大名は権謀術策《けんぼうじゅつさく》を用いて権力を手にした者が多かったから、人間が賢くなった。上杉謙信だろうが武田信玄であろうが、知力を尽くして外交をやった。信長も秀吉も家康も同じである。その点では、戦国時代から家康に至る時代ほど、日本人の能力が発揮された時代はなかったのではないかと思われる。

群雄割拠《ぐんゆうかっきょ》というのは確かに人間のレベルを上げる。ゆえに、まともな封建時代がない国は近代国家になれなかったといわれるのである。発達した封建時代があった国は西ヨーロッパと日本だけであって、インドにも中国にも朝鮮にもなかった。それらの国の近代化は、結局、植民地または半植民地の時代を通過するか、共産革命を通過するしかなかった。

◉織田信長の比叡山焼き討ちから、日本の〝近代〟が始まった

その群雄割拠のあと、一頭地を出《いだ》したのは織田信長（一五三四～一五八二）である。先に『近世日本国民史』を書いた徳富蘇峰《そほう》が日本の近世を信長から書きはじめたといったが、この見方は今から見ても正しいと思う。なぜかといえば、信長が日本を啓蒙時代に導いたからである。

では、啓蒙時代とは何か。これをひとことでいうならば、「宗教の権威を最高にしない時代」ということになる。

例えば、信長とほぼ同時代に生きていたイギリスのヘンリー八世という人がいる。この人は娘のエリザベスとともに近代イギリスの基礎をつくった人物だが、彼は自らの婚姻問題からローマ・カトリック教会と対立した。ローマから独立したイギリスの教会（アングリカン教会＝聖公会）の首長はイギリス国王（女王）ということになった。ヘンリー八世はカトリックの大修道院を破壊し、その財産を没収し、貴族に分け与えた。ちなみに、今のパブリック・スクールという名門校は、その時代の教会の学校のことをいう。

したがって、イギリス近代史を書くとすればヘンリー八世からはじめなくてはいけない。そして、その象徴的な事件は大修道院をすべて壊してしまったことである。

一方、信長が日本の啓蒙時代を開いた象徴的な事件として挙げられるのは、やはり中世のシンボルといえる比叡山の焼き討ち、あるいは一向宗の皆殺しといった宗教的権威の破壊である。これにより、日本の近代がはじまったのである。

軍事的な面からいえば、天正三年（一五七五）、武田勝頼《かつより》と戦った長篠《ながしの》の戦いの有名な鉄砲の使い方が新たな時代の幕開けとなった。あのとき信長は馬防柵《ばぼうさく》で武田軍の騎兵を抑えながら、三列に組んだ鉄砲隊が順番に一斉射撃をするというやり方を採用したが、この作戦は非常に画期的かつ近代的なものだった。これは西洋ではハプスブルク家がオスマントルコと戦ったときに初めて使った戦法だが、それは長篠の戦いから百年以上あとの一六九一年のことである。

また、ある戦場である一定の時間、弾を撃ち続けるという戦術的思想も信長がオリジナルである。この思想が実現するのは第一次世界大戦時のドイツ軍まで待たなくてはならない。いかに信長が先進的であったかがわかるだろう。船戦《ふないくさ》でも毛利に負けると、すぐに鉄船を造って今度は圧倒するといった具合である。

とにかく信長という人は非常に柔軟な感覚の持ち主であり、天才的なひらめきと、状況に応じた作戦遂行能力を併《あわ》せ持つ、まことに稀有《けう》な人物であったといえるだろう。また、皇室を背景に命令を下さなければ天下を取れないという大戦略を持ち、我慢するべきところは我慢をし、へりくだるべきところはへりくだり、一歩一歩進んでいくという辛抱強さも持っていた。

このような人物であったからこそ、実力主義の時代にのし上がることができたのであるが、部下に対する扱いにいささか問題があった。そのため、天下に手がかかる寸前にして信長の野望は断たれることになってしまったのである。

◉天下を統一した豊臣秀吉、徹底した天皇尊重の意味するところ

信長は明智光秀《あけちみつひで》の謀反《むほん》により、天正十年(一五八二)、京都の本能寺《ほんのうじ》で命を落とす(本能寺の変)。そして、その明智を山崎の戦いで討ち、柴田勝家や徳川家康などのライバルを退けて信長のあとを継いだ羽柴秀吉(豊臣秀吉)によって天下は統一されることになる。

その統一のシンボルとして秀吉が徹底的に祭り上げたのが朝廷である。秀吉は関白《かんぱく》・太政大臣《だじょうだいじん》になるときに、平清盛の真似をしてご落胤《らくいん》説までつくっている。

秀吉の皇室尊重というのは画期的なもので、大名たちにも「子子孫孫まで皇室に仕え、忠誠を誓う」という文書を提出させている。それは関白太政大臣である自分に忠誠を誓わせることにほかならないが、自分の背後に天皇があることを強く印象づけるもの

である。秀吉自身の身分が低いだけに、皇室を背後に統治を行うことを考えたのだろう。信長が気づいたように、皇室の力とはそれほど強力なものなのである。したがって、その後も大名は皆、宮廷から位をもらって自らの格を上げていくという形をとるようになっていく。

秀吉は、京都・平安京の大内裏《だいだいり》の跡に自らの邸宅として、かの有名な聚楽第《じゅらくだい》を造る。これは完成から八年後に取り壊されてしまい、どのようなものであったか詳しくはわからないが、「言語の及ぶところにあらず」と記録にあるほど、豪華絢爛《ごうかけんらん》をきわめたものであったらしい。

秀吉はそこに後陽成《ごようぜい》天皇の行幸《ぎょうこう》を仰いだ。これは、後花園《ごはなぞの》天皇が足利義教《よしのり》邸を訪問して以来、百五十年ぶりの行幸であった。その行幸の迎え方も空前の丁重さであって、行幸された天皇および公家、女房たちも、あまりのもてなしのよさに予定よりも長く留まるということもあったようである。

このように秀吉は皇室、宮廷を徹底的に奉《たてまつ》ったのである。江戸時代の儒者林羅山《はやしらざん》にいわせれば「天皇を利用する」ことによって、秀吉は天下統一を果たすのである。

◉税制の大改革だった、太閤検地

天下を統一した秀吉が政治面で徹底して行ったのが、天正《てんしょう》十年（一五八二）にはじめた「太閤検地《たいこうけんち》」である。これは、信長が手がけていたものを秀吉がさらに推し進め、全国的に徹底したものである。実際に土地の測量調査を行い、田畑を石高《こくだか》（生産量）で示すこととした。

その前提として、秀吉は基本となる尺度を整えた。すなわち、曲尺《かねじやく》六尺平方を一歩《ぶ》とし、三十歩で一畝《せ》とした。一畝は約一アールで、十畝で一反、十反で一町である。田畑も上・中・下と等級に分けて年貢の率を変えた。升《ます》も地方によってまちまちだったのを京升で統一した。このように尺貫法、度量衡《どりようこう》を定めるというのは大変な改革である。

また、村ごとに検地帳を作り、そこに耕作する農民の名を記し、耕作権を保証する一方で年貢を負担させせた。年貢は二公一民とした。三分の二が「公」だから、税率はかなり高い。ただこれは検地を行った田圃だけに適用されたもので、それ以外には適用されなかったから農民に余裕はあったと思う。

この頃の秀吉は民への目配せも十分に行い、検地を行う際には民衆に迷惑をかけてはいけない、お金も受け取るなという厳重な命令を出している。税法改正にはいつの時代にも〝取られる側〟の不満が募るものだが、この太閤検地に関しては例外的にうまくいった。事実、天正十三年（一五八五）から文禄《ぶんろく》四年（一五九五）までの約十年間に一揆《いっき》のような騒動は一度も起こらなかったから、これは不思議なくらいの成功だったといえるだろう。

◉日本にとってなんの実りもなかった朝鮮出兵

天文《てんぶん》十八年（一五四九）にイエズス会の宣教師フランシスコ・ザビエルが日本にやってくる。ザビエルは二年間の滞在中に薩摩の島津貴久《たかひさ》や周防《すおう》の大内義隆《よしたか》、豊後《ぶんご》の大友義鎮《よししげ》（後の宗麟《そうりん》）などと謁見《えつけん》している。また天文十二年には種子島《たねがしま》に漂着したポルトガル人が日本に初めて鉄砲を伝えた。天正《てんしょう》三年（一五七五）、長篠の戦いで、その鉄砲をいち早く使用して戦に革命を起こしたのが織田信長であったことは先に述べたとおりである。

この頃は、東南アジアに西洋の勢力が伸びてきた時代であった。その時代風潮もあったのか、日本人の知らなかったアジアの情報が伝わってきていたようで、明《みん》などはそれほど強くないらしいという話があった。それを聞いた秀吉は、天下統一を果たした後は明を征服しようという気を起こしたようである。

その理由はいろいろ推し量られるが、秀吉がまだ織田家臣団の中でも地位の低い頃から大陸に関心を示していたのは確かである。一例を挙げれば、天正五年（一五七七）十月に、秀吉は信長から対毛利《もうり》中国派遣軍の総司令官を命じられている。そのとき信長が「中国を征服したらお前にやろう」というと、秀吉はこう答えているのである。

「それはすべてほかの大将に与えてください。私は信長公のご威光を朝鮮・大明国《だいみんこく》に輝かせますから、そこで領地をいただきたい」

これは信長を恐れた秀吉が、信長に恭順の意思を示すための言葉であったとも考えられる。だが、秀吉が中国・九州の先に朝鮮・大明国を見ていたことは間違いないだろう。

また天正十五年（一五八七）の九州征伐のときも、秀吉は毛利輝元《てるもと》に対し、「自分は高麗《こうらい》に渡る」といっており、別のところでは明国まで行こうというような話もしている。

そして天下を取ってみると、日本中に何度も戦争を経験している武士がゴロゴロしており、その中には自分は大陸の領地をもらいたいという人間もいた。そういうところから、明を取ろうじゃないかという、今から見れば誇大妄想的な計画を実行に移すことを考えはじめたようである。

秀吉は天正十五年の六月に対馬の宗義智《そうよしとも》を九州の箱崎に呼び、「明《みん》に侵攻するため朝鮮を通るから、朝鮮に行って話をつけよ」と命じ、「日本を統一した祝いの言葉を述べよ」と、宗家を通じて朝鮮の来朝を促《うなが》した。しかし当時の李氏《りし》朝鮮は明の朱元璋《しゅげんしょう》（洪武《こうぶ》帝《てい》）から位を授かり、朝鮮という名前をもらっている関係にあり、明の冊封《さくほう》国であった。したがって、秀吉の要求を当然のように断った。

これがきっかけとなって、天正二十年（文禄《ぶんろく》元年／一五九二）、第一次朝鮮出兵、「文禄の役」がはじまるのである。このときの日本軍は非常に強く、四月十二日に釜山《ふざん》に上陸すると、無人の野を行くが如く朝鮮半島を北上し漢城《かんじょう》（今のソウル）まで押し寄せている。

日本軍が漢城に到着したとき、すでに都のほとんどは火事で焼けていた。火をつけたのは身分の低い連中で、その者たちは自分たちが奴隷みたいな身分になっているのは戸籍文書があるせいだろうと、文書に火をつけたのである。

王やその一族は城を逃げ出し、東海岸側と、西海岸側に分かれて逃げた。だが、それに付き従う家来は数十人くらいしかいないという惨憺《さんたん》たる様子であった。

西海岸を逃げた朝鮮王を追ったのが小西行長《こにしゆきなが》（一五五八～一六〇〇）の軍隊である。小西行長は商人の出身であるから、明と戦争をするのは賛成ではなかったと思われる。貿易をしたいという思いもあったのだろう。そのため、何かにつけて和平を求める気持ちが強く、追撃は緩やかであった。それで朝鮮王はほとんど身一つで国境付近まで逃げ、明に援護を求めるのである。

一方、東海岸を北上したのは加藤清正《かとうきよまさ》（一五六二～一六一一）の軍であった。こちらは猛烈に追撃して、後の満洲《まんしゅう》国境近くで二人の王子を捕虜にした。

もし仮説を許してもらえるならば、小西行長が東海岸を行き、加藤清正が西海岸を行っていれば、清正は平壌《へいじょう》まで行くまでもなく簡単に朝鮮王を捕まえてそれで朝鮮半島での戦争を終わりにしていたことも十分に考えられる。

小西行長は平壌を占領すると、そこから北進せず、朝鮮および明と和平交渉を行った。しかしそれは明側の時間稼ぎにすぎず、明の大軍が到着すると総攻撃を受ける。一時は攻めてきた明の大軍を追い返すが、結局、謀略《ぼうりゃく》に敗れて、命からがら漢城まで逃げてくることになったのである。

このとき秀吉は本格的な水軍を準備していなかった。このため小西軍への補給ができなかったのである。元来、秀吉の部隊というのは陸軍ばかりで、藤堂高虎《とうどうたかとら》、脇坂安治《わきさかやすはる》、加藤嘉明《かとうよしあき》といった陸の大将が水軍を率いていた。その水軍も輸送部隊といった感じで、海戦を想定したものではなく、したがって水軍の総司令官も決まっていなかった。

九鬼嘉隆《くきよしたか》率いる九鬼水軍も参加してはいたが、これにしてもかつて信長の下で戦ったときには毛利の水軍に負け、信長の工夫で鉄張りの船を造ってようやく勝つといった程度だったから、実戦能力は知れたものである。

こうした日本の水軍の前に朝鮮軍の李舜臣《りしゅんしん》率いる水軍が現れた。日本の水軍も初めは勝ったが、李舜臣は日本の素人《しろうと》同然の水軍を多島海《たとうかい》（多くの島が点在する海）に誘い込み、これを打ち破った。九鬼水軍は多島海に入る危険を知っていたため、そこに入ることはなかったが、それ以外の水軍は皆、そこに引き込まれてやられてしまったのである。

明の大軍は漢城まで押し寄せてくるが、日本軍も小早川隆景《こばやかわたかかげ》などが中心となって猛反撃をし、文禄《ぶんろく》二年（一五九三）一月二十六日の碧蹄館《へきていかん》の戦いで明の大軍に徹底的な打撃を与えた。明の大将李如松《りじょしょう》は落馬し、危うく首を掻《か》かれるところを部下に助けられて泡を食って本国まで逃げ帰り、それ以後二度と出てこなかった。

明軍を撃退した日本軍は無事に撤退し、和平交渉がはじまることになる。秀吉は明に対して七か条の講和条件を伝えるが、間に入った通訳がいいかげんで、条件を相手に伝えないどころか、「平和になれば日本は明の属国になるでしょう」と適当なことを吹き込んだ。それを真に受けた明側は「秀吉を日本の王に封じればいいのだろう」くらいに軽く考えていた。また、日本側でも講和条件をめぐってある程度の譲歩は致し方なしとする小西行長と、あくまでも秀吉の出した条件に忠実であるべきであるとする加藤清正の間で対立が生じた。この対立は、行長や石田三成《みつなり》が「清正が明との講和を妨害している」と秀吉に報告し、清正が謹慎させられるという事態にまでこじれていった。

最後まで話がかみ合わないまま、まる三年の間続いた和平交渉は決裂し、慶長《けいちょう》二年（一五九七）の初め、第二次朝鮮出兵、慶長の役となるのである。

慶長の役では日本軍はそれほど進軍せず、文禄の役のときに拠点として築いていた海岸地帯の城を守る形での戦いとなった。漢城まで進むのは容易であったが、実際には進む意味もなくなっていた。というのは、前の戦いで朝鮮全土が荒れ果てていたからである。日本軍が荒らしたのみならず、応援に来た明兵も荒らしているから、進んだところで意味がないという状態だったのである。

慶長三年（一五九八）八月十八日、秀吉が伏見城で死んだとの知らせが入り、日本軍は急遽《きゆうきよ》撤退することになるが、その間に三つの重要な戦いがあった。

一つは釜山近くの蔚山《うるさん》城の戦いである。この戦いでは、築城の途中で敵の大軍に囲まれた加藤清正の軍が籠城《ろうじょう》し、飢餓《きが》に苦しみ玉砕《ぎょくさい》寸前だったところ、毛利秀元《ひでもと》らの援軍が駆けつけて明・朝鮮軍に殲滅《せんめつ》的打撃を与えて撃退した。

二つ目の戦いは、島津義弘《よしひろ》が指揮を執った泗川《しせん》の戦いである。このときは明の大軍が進撃してきたという報告が来ると、島津義弘は次々に出城を放棄して明の大軍を泗川城に引き寄せた。そして、そこで一気に反転攻勢に出て、四、五万といわれる敵軍に壊滅的な打撃を与えた。

このときの島津軍のあまりの強さに、明・朝鮮軍は島津軍を「石曼子《シーマンヅ》」と呼んで恐れ、島津の名前は日清戦争の頃まで語り継がれることになった。

三つ目の戦いは露梁津《ろりょうしん》の戦いである。慶長三年（一五九八）八月十八日、秀吉が伏見城で病死したため、毛利輝元《てるもと》、宇喜多秀家《うきたひでいえ》、前田利家《としいえ》、徳川家康の四大老は朝鮮からの引き揚げ命令を出す。適宜《てきぎ》講和を結んで引き揚げて来いというアバウトな命令だった。ところが、その引き揚げてくる日本軍を李舜臣率いる朝鮮水軍が明の水軍とともに待ち伏せており、島津軍の引き揚げ船団と激突した。

このとき島津軍は戦う準備をしていなかったため、たいへんな苦戦を強《し》いられた。命からがら逃げて助かったというのが通説だが、実際はどうだったろうか。というのも、島津側の主だった武将は誰も戦死していないにもかかわらず、明の水軍は副将鄧子龍《とうしりゅう》が斬り殺されているし、朝鮮水軍の大将李舜臣も鉄砲玉に当たって戦死し、さらに数人の幹部が戦死している。これはつまり、島津軍の兵隊たちが銃で応戦し、敵船に斬り込んだことを示している。それを考えると、確かに島津軍にも被害はあったろうが、一方的に負けて逃げ帰ったという状況であったとは考えにくい。幹部の被害からいえば大勝利である。

慶長の役では、以上の三つの大きな戦いを経験し、日本軍は引き揚げてくることになった。しかし、朝鮮出兵は決して日本にとって実りのある戦いではなかった。実際、この戦いの後に政権を握る徳川幕府は鎖国《さこく》を敷き、外国との接触を断とうとするし、武将たちも海外出兵はこりごりといった様子であった。よほど朝鮮の貧しさが身にしみたのだろう。

◉豊臣家の滅亡につながった、秀吉の「ご乱心」

秀吉亡きあと、大坂城にいる秀吉の息子秀頼《ひでより》と、徳川家との覇権争いがはじまった。その結果をわれわれはすでに知っているわけだが、豊臣家の滅亡の理由を考えてみると、その一つとして、平家と同じような道をたどったことが挙げられるだろう。平清盛は戦いで天下を取ったが、あとになると全く公家化してしまった。それと同じように、秀頼も、淀君《よどぎみ》も、宮廷化に慣れてしまった。そこに滅亡の一つの理由があったと考えられる。

それからもう一つは、秀吉になかなか子供ができず、ようやくできた嫡男鶴松《つるまつ》が死んでしまったことである。すでに五十代半ばであった秀吉は、もう子供はあきらめて、甥《おい》の秀次《ひでつぐ》を養子にして家督《かとく》を譲ることを決め、豊臣姓を贈って関白にしている。

しかし、その二年後に秀頼が生まれた。家督を譲られた秀次は、本当に自分があとを継げるのかという疑念が生じ、秀吉も、もともとあまり好きでなかった秀次に家督を譲ることを後悔するようになった。最初は秀次の二女と秀頼（幼名は拾丸《ひろいまる》）を一緒にすることを考えたらしいが、次第にお互いの疑心暗鬼が増大した結果、秀吉は秀次に謀反《むほん》の疑いをかけて高野山に追放し、切腹させてしまう。

もしも秀次があとを継いでいれば、豊臣家が残った可能性はかなり高い。小牧《こまき》・長久手《ながくて》の戦いで家康軍に大敗したように戦争は上手とはいえないが、随分年を取っていたから、それなりの安定感は発揮したものと思われる。また最終的に家康に天下を譲ったとしても、大名として豊臣家が残る道もあったかもしれない。

それにしても、このときの秀吉の殺し方はひどかった。秀次のみならず、彼の遺児・正室・側室・侍女《じじょ》あわせて三十人近くを処刑しているのである。若い頃の秀吉は人殺しが嫌いで、そのために天下も取れたのだが、晩年の秀吉は別人のようである。この家督相続での秀吉の「ご乱心」が豊臣家の滅亡につながったことは間違いないところだ。

さらに細かい理由を挙げれば、側近の武将たちの対立がある。豊臣政権は五大老《たいろう》・五奉行《ぶぎよう》が中心となって政治を行ったが、その五奉行の中で石田三成が飛び抜けて有能で、朝鮮からの引き揚げのときも采配《さいはい》を振るい、無事に遂行した。しかし、三成自身は主として内地にいたため、実際に戦った武将たちの怨《うら》みを買うことになった。

一方、秀吉の正妻であるねね（高台院《こうだいいん》）には子供がおらず、妾《めかけ》である淀君に子供ができた。淀君の家来たちは、石田三成も含めて秀吉が信長から長浜《ながはま》城をもらったあたりからの家来で、いわゆる文官的な要素のある武士たちだった。ところが加藤清正や福島正則《ふくしままさのり》のように武将らしい武将は尾張《おわり》の出身で、秀吉の正妻ねねが飯を食わせて育てたような者ばかりだった。

したがって、豊臣政権の仲違いには、「淀君および近江《おうみ》以来の家来」対「高台院と尾張以来の武将」という構図があったのである。

家康は高台院に対して非常に丁重であったところから、高台院も家康には好意を持って、かつて自分が手塩にかけて育てた武将たちにも「徳川殿には協力しなさい」というようなことをいっていたらしい。これは、やくざの世界にたとえれば、不良少年の頃に食わしてもらっていた大姐御《おおあねご》からいわれたようなものだから、その影響力は大きかったと思われる。

朝鮮の役の頃、家康は内心、「この出兵は間違っている」と思ったようである。そして次の天下は自分に来ると確信して、本気で勉強をはじめるのである。藤原惺窩《せいか》や林羅山《はやしらざん》を教授にしてシナの古典を学ぶのである。

例えば『論語』を読めば、「政《まつりごと》を為《な》すに徳を以《もっ》てすれば、譬《たと》えば北辰《ほくしん》（北極星）の其の所に居て、而《しこう》して衆星《しゅうせい》の之《これ》に共《むか》うが如《ごと》し」（為政篇《いせいへん》）というような徳治政策の教訓が載っている。こうした言葉から、家康は力ではなく徳治の大切さを学んでいくのである。

さらに重要なのは北条政子も読んだ『貞観政要《じょうがんせいよう》』である。家康もまた『貞観政要』を講義させて研究している。それから『吾妻鏡《あづまかがみ》（東鑑）』を研究している。『吾妻鏡』は、鎌倉幕府の事績を源三位《げんざんみ》頼政《よりまさ》の挙兵から第六代将軍宗尊《むねたか》親王に至るまで編年体で記した歴史書だが、これは要するに『貞観政要』に書かれた教訓を政治に活かした北条幕府の政治の実情をまとめたものである。それを家康は学ぶのである。

振り返ってみると、信長も秀吉も『貞観政要』をじっくりと勉強するような暇がなかった。その点で、朝鮮の役は家康の将来にとってきわめて重要な基礎をつくる時間になったといえるだろう。

◉豊臣家を潰す転換点となった、関ヶ原の戦い

ただし、この時点では家康もすぐに豊臣家を潰《つぶ》す気はなかったのだが、そういう方向

に進んでいく転換点となったのは、慶長五年《けいちょう》（一六〇〇）の関ヶ原《せきがはら》の戦いである。関ヶ原の戦いは、石田三成側からすれば、このままでは豊臣家がなくなるという危機感および忠義の気持ちが根底にあったに違いない。一方、家康にしてみれば、これは売られた喧嘩《けんか》だから喜んで受けようといったところであったろう。

しかし、今になって検討すると、関ヶ原の戦いはそう簡単に家康が勝てる戦いではなかった。何しろ徳川秀忠率いる東軍の主力は上田城で迎え撃った真田昌幸《さなだまさゆき》・幸村《ゆきむら》親子に抑えられて関ヶ原に間に合わなかったのである。また、もしもあのとき西軍の総大将であった毛利《もうり》家が大坂城に留まらないで出陣してきたらどうであったろうか。あるいは小《こ》早川秀秋《ばやかわひであき》の裏切りがなかったらどうだったか。こうして条件を挙げてみると、家康の勝利は運が味方したと考えるよりほかにないのである。

実際に、明治時代初期に日本に招聘《しょうへい》されたドイツの参謀将校メッケル少佐は、戦いがはじまる前の両陣営の位置取りを描いた地図を見せられ、「どちらが勝ったと思いますか」と聞かれたとき、「石田方だ」と答えたという。

そしてなんとも皮肉だったのが、家康が勝つきっかけをつくったのが、秀吉の可愛がっていた福島正則をはじめ黒田、加藤、細川、藤堂などの「豊臣恩顧《おんこ》の大名」の奮戦によるものであったということだ。

関ヶ原の戦いは長く続くと考えた人もいるが、実際にはあっという間に終わってしまった。それまでは、信玄と謙信の川中島《かわなかじま》の合戦にしろ、秀吉の北条征伐《せいばつ》や九州征伐にしろ、長い時間がかかっている。ところが関ヶ原は一日で終わり、それからあとは何もない。要するに、戦いの性格がだんだんと変わり、徹底的に短くなったのである。

しかし、関ヶ原で勝ったとはいえ、家康は慎重だった。家康は慶長八年（一六〇三）に征夷大将軍について幕府を開き、同十年（一六〇五）には息子の秀忠《ひでただ》に将軍職を譲り、自らは大御所《おおごしょ》として天下の形勢に目を光らせる二元政治体制を敷いた。しかし、これだけでは天下は安定しないと考えた家康は、その次に福島、黒田、加藤、細川、藤堂などの秀吉の家来たちを大大名にする。すると、いつの間にか豊臣恩顧の大名が徳川恩顧の大名に変わってしまうのである。これは戦国武将の「より大きな領土が欲しい」という本音を汲《く》み取った非常にうまい手であった。

それと同時に、秀吉から後見を頼まれた秀頼については、摂津《せっつ》、河内《かわち》、和泉《いずみ》あたりに六十六万石を与えて徳川の外様《とざま》大名格にして残してやろうとこういうわけである。秀吉も信長の息子を自分の家来にしているのだから、これはそれほど無茶な話ではない。また、豊臣恩顧の家臣たちにとっても、秀頼のもと豊臣家が続くことは悪い話ではなかった。

このように家康は着々と手を打っていくが、それでもなお、このまま自分が死んだときに徳川家の支配が続くだろうかという心配があったのだろう。豊臣家は依然として公家や宗教界に権威があり、公家に対する支配力を捨てようとしなかった。また財力もあり、大仏を建てるほどの力があった。家康は、やはり大坂を潰して禍根《かこん》を断たなければならないと考えた。

そこでいよいよ晩年になって、方広寺《ほうこうじ》大仏殿の開眼供養《かいげんくよう》が間近に迫ったところで文句をつけた。方広寺の鐘の銘に「国家安康《こっかあんこう》」とあるのは「家康」の名を分断することであり、けしからん。しかも、その後の「君臣豊楽子孫殷昌《くんしんほうらくしそんいんしょう》」とあるのは豊臣の子孫が繁栄するという意味だろうと難癖《なんくせ》をつけて、豊臣家と戦争をはじめるのである。これが「大坂の陣」である。

◉豊臣家にとどめを刺したのは、淀君をはじめとする女たち

この戦いにしても、本来ならば徳川方はそう簡単に勝てたとは思わない。慶長十九年(一六一四)の大坂冬の陣の講和の条件に淀君《よどぎみ》が余計な口を出さず、真田幸村や後藤又兵衛《またべえ》や明石全登《あかしたけのり》といった人たちの意見を聞いていれば、秀吉が知恵と財力を惜しみなく注いで造った名城大坂城は半年や一年、いや二、三年落ちなかったかもしれない。そうす

れば楠木正成《くすのきまさしげ》の千早《ちはや》城のときと同様、今は徳川に味方をしているものの、元来は秀吉にとりたてられた大勢の大名たちが脱落することも考えられた。

家康もそれを恐れて、急いで和平条約に持っていったのである。そして巧みな外交政策で冬の陣を終わらせて、交渉をしている途中に大坂城の堀を埋めてしまい、夏の陣に備えるのである。

その冬の陣の和平交渉にあたったのは、淀君をはじめとする大坂城の女たちだった。だから豊臣家を滅ぼしたのは女であったといってもよいだろう。これは、歴史を遡れば平家を滅ぼしたのは池禅尼《いけのぜんに》が源頼朝《みなもとのよりとも》を助けたことに帰結するのと同じである。

だから江戸時代でも絶対に女は政治に口を出さなかった。それは戦国時代も同様である。では、なぜ豊臣家では女が口出しできたのかといえば、それは豊臣家が公家化したことによる。武家であったならば、女が口を出すようなシステムは絶対につくらない。日本史上、女が政治に口を出して成功したのは、唯一、北条政子だけである。

先に平安朝というのは男女の関係がわりと緩やかだったという話をした。だから平安朝の文学は男女の文学だったわけである。ところが、北条政子が出ると、「女の道」というものが厳粛に定められた。これは女革命といっていいほどの出来事であった。北条政子は「女はどう生きるべきか」という道をはっきりと指し示したのである。

例えば、義経《よしつね》の愛妾《あいしょう》の静御前《しずかごぜん》が鎌倉で「しづやしづ　しづのをだまき　くり返し　昔を今に　なすよしもがな」と義経を恋慕する歌をうたい舞ったとき、頼朝は逃亡中の謀反人《むほんにん》を慕う歌を舞い踊るとはどういうことかと激怒する。しかしそのとき、政子は頼朝に「女には女の道がございます」といって諫《いさ》めるのである。また頼朝が木曾義仲《きそよしなか》の息子と結婚していた大姫《おおひめ》を、義仲を成敗するのと合わせて殺そうとしたときも、政子は自分の娘に味方して逃がしている。

このように、平安時代の男女平等の自由恋愛的な風潮とは違う、女の道というものを政子はしっかり示した。政治に女の出る幕はない。同時に女を政治の犠牲にしてはいけない。それが武家の道というものなのである。

ところが宮中には女の出る幕がある。それが後醍醐天皇のときの阿野廉子《あのれんし》であり、秀吉のときの淀君だったということになる。

◉能力主義から長子相続制度に切り替えた大天才・徳川家康

夏の陣によって大坂城が落ちたのは慶長二十年（元和《げんな》元年／一六一五）のことであった。このとき徳川幕府は「元和偃武《えんぶ》」を宣言した。「偃武」とは「武を置くこと」、すなわち戦いをやめて平和政権をつくるという意志を示し、世が太平になったことを指している。天下は徳川家の下に統一されたのである。

この言葉を見て、私はあらためて家康という人は大天才だと思った。

家康は戦国時代の中頃に生まれ、戦国時代を完全に終わらせた。その間に無数の戦いをやって、戦場では秀吉にも一度も負けていない。その意味で、戦いというものを知りつくしていた。何より戦国時代はリーダーというものが重要である。大将が無能であれば軍は全滅してしまう。ゆえに、必ずしも君主の長男を相続させることはしなかった。無能な長男ならば仏門に入れるとか、方策がいろいろ考えられた。戦国時代は能力主義の時代なのである。

ところが家康は、「元和偃武」によって平和な時代になると、その考え方を百八十度転換させた。つまり、能力主義から長子《ちょうし》相続制度に変えたのである。

家康はそれを二代将軍秀忠《ひでただ》のときに明確に天下に知らせた。当時はまだ戦国の風潮が残っていて、長男が必ずしもスムーズにあとを継ぐことはなかった。秀忠も長男をあまり可愛がらず、二男を可愛がった。それを心配した長男の乳母《めのと》であった春日局《かすがのつぼね》が、駿府《すんぷ》に隠居していた家康のもとを訪れて事情を話した。すると家康は考えて、「久しぶりに武蔵野で狩りをしたい」という口実を立てて江戸城に出てくるのである。そして、滞在中に常に長男を二男よりも明らかに優遇し、長男が将来の跡取りとなり、二男はその家来となるべき者であることがわかるように扱った。その様子を見ていた秀忠も大名たちも、皆、「これで世継ぎは決まった」と思ったのである。

能力主義の中で生き抜いてきた家康が、天下が平穏になったらもう実力主義は必要ないと考え、長子相続制度に切り替えたことは後々まで大きな影響を及ぼした。要するに家康が確立したのは、「殿様は無能でもいい」という原理なのである。相続をめぐってお家騒動が起こるくらいなら無能でもいい。その分、家老が利口ならいいではないかという思想である。

だから、八代将軍吉宗《よしむね》は九代将軍を誰にするかで悩んだとき、最終的に家康の決めた原理に従い、言語不明瞭で誰が見ても一人前とはいえない家重《いえしげ》を将軍にしている。二男の田安宗武《たやすむねたけ》は学問にも武芸にも秀でた人物であったが、吉宗は家康の決めたルールのとおりに家重を将軍にするのである。もしも将軍家が能力重視で二男を将軍にしたら、日本六十余州の大名・小名・旗本・御家人・庄屋・豪農、どこの家でも家督相続をめぐってお家騒動になるかもしれない。だから二男には田安家を立てて別家とした。

その結果、家重の時代が悪かったかといえば、むしろよかったのである。世が乱れるのはトップにいる人がおかしなことをいうからであって、何もいわなければ変なことになりようがない。老中《ろうじゅう》は選ばれた者がなるから、総じて優秀である。ゆえに、トップの能力が劣っていても、それが理由で悪い時代になるとは限らないということだ。だから跡継ぎは総領《そうりょう》でなければならない、「総領に限る」ということになったわけである。

それは武家でも百姓でも同じだった。例外が商人である。商家は無能な人間が主人になると店が潰れてしまうから、これは必ずしも長子相続にはしなかった。長男でも器量がなければ遊ばせておき、跡継ぎは有能な番頭を娘の婿にするとか夫婦養子をとるとかして、代々店が続くことを第一優先に考えた。だから必ずしも男系を守らなかったわけだが、これは例外である。

こういうわけで、徳川家にはお家騒動を起こす余地がなかったのである。もしも黒船が来なければ、徳川幕府はもう何代続いたかわからないくらい続いたはずである。

◉鎖国へ――海外とのトラブルにきわめて神経質だった徳川幕府

徳川幕府のもう一つの特徴として挙げられるのは、きわめて神経質な幕府であったという点である。当時は、海外貿易をすると主権者がものすごく儲《もう》かったため、金がなくなると貿易をやった。足利義満は明と勘合《かんごう》貿易を行ったたし、中国地方の大内氏や九州地方の大友氏などの大名も皆、貿易で儲けている。秀吉だってそうである。

ところが、徳川幕府はあまり貿易で儲ける必要はないと考えた。それより、外国に出ている日本人が帰ってくることを恐れた。例えば山田長政《ながまさ》などはシャム（タイの旧称）の日本町の頭領となり、国王から内閣総理大臣のような位を与えられていた。こうした海外に出た日本人たちとゴタゴタするのが嫌だったから、寛永《かんえい》十二年（一六三五）に幕府は日本人の海外渡航と帰国を禁じた。

また明が清に攻められて滅びそうになったとき、鄭成功《ていせいこう》が台湾を拠点に抵抗していた。明は徳川幕府に対して援軍の要請や物資援助を繰り返し求めてきたが、結局、正式な援助はしなかった。もしもあのとき助けていれば、台湾と山東《さんとう》半島くらいは日本の領土になっていたかもしれないが、むしろ清とトラブルにならないことを優先して一切動かなかったのである。

幕府は貿易の利益を無視してでも国内の封建体制を確固にすることを考え、寛永十年（一六三三）から同十六年（一六三九）の間に五回にわたって鎖国《さこく》令を出し、少しずつ鎖国体制を強化していく。その名目とされたのがキリスト教の禁止であった。外国に多数いるキリシタンが同盟して攻めて来たら大変だというわけで、とにかく海外に門戸を開くことに神経質になったのである。

ただ例外的に長崎に出島《でじま》をもうけ、オランダ（東インド会社）に対しては一年に一隻《せき》は来てもいいなど、シナや朝鮮との非公式の貿易は禁止しないことにした。その点で完全に門戸を閉ざしたわけではないが、外への拡張をめざすよりも内政重視の政権であったことは間違いない。これも徳川時代が長く平和を保った一つの理由である。

◉鎖国後、非常に華やいだ儒学の最盛期へ

海外との関係を遮断する一方、国内では家康の学問好きが広く浸透して、儒学の最盛期を迎えることになった。朱子学《しゅしがく》を中心とした正統派の林家だけではなく、朱子学だけでは足りないと、伊藤仁斎《いとうじんさい》の古義学、荻生徂徠《おぎゅうそらい》の古文辞学などの古学派、中江藤樹《なかえとうじゅ》の陽明学派など多くの学者が出て、非常に賑《にぎ》やかになった。

これは同じ儒教が入った国でも朝鮮とは大いに異なっている。朝鮮には李退渓《りたいけい》という偉い学者が出たが、それ以外に進展はなく、朱子学一本だけだったのである。しかし学問というものは、原典批判を抑制されると発展しない。

宗教改革以後にヨーロッパが栄えた理由は、聖書を自由に解釈し、勝手な意見をいえるようになったからだといわれる。一方、イスラムの発展が止まったのはイスラム教典に文句をいえないからだとされる。ここからも明らかなように、『論語』に対して、いろんな意見をいう人が出てくることは、むしろ望ましいことであった。朝鮮では李退渓の学問に文句をいえなくなったために、文化が固まってしまったのである。

江戸時代の日本には溌剌《はつらつ》としたいろいろな学派、学者が出たために、儒学は大いに発展していくことになったのである。

◉封建制がつくった〝天下の台所〟大阪というもう一つの中心

江戸時代は商業が大いに発達したことも特筆すべきであろう。平和な時代で、大名も隣国から攻められる恐れが全くなかったため、武による競い合いではなく、名産物を作って隣の藩に負けないようにと競争をするようになった。これは封建制の一つの特徴であって、朝鮮と比べると一目瞭然《いちもくりょうぜん》である。すなわち朝鮮では封建制がなかったために地方に名物がない。日本の各地に名物があるのは、封建制によって地方に根を下ろした大名が物産を作るように奨励したからなのである。

そして、それが「天下の台所」と呼ばれた大坂に集まり、全国にさばかれた。これもまた面白い現象である。江戸だけが日本の中心となるのではなく、大坂というもう一つの中心ができたのである。大坂は一種の天領《てんりょう》（幕府の直轄領）であって、統治する者は代官くらいしかいなかったため、非常に自由度が高かった。そこに全国各地から物品が集められ、一つの大経済圏を形成することになったのである。

当時は陸上交通がまだ不便であったため、例えば山形庄内の米などであれば、すべて酒田に集められ、そこで船積みされて日本海を進み、関門海峡から瀬戸内海に入って大坂まで運ばれていた。いわゆる北前船である。

そのため、大坂には各大名家の米蔵ができ、米の相場が立った。実は、世界最初の先物取引市場が整備されたのも大坂堂島である。イギリスのリバプールに綿花の取引所ができるのは、それからだいぶ経った頃である。

これは大坂の民度を非常に上げることにつながった。だから学問でも、幕末には緒方《おがた》洪庵《こうあん》の適塾《てきじゅく》が大坂・船場《せんば》にでき、大村益次郎《おおむらますじろう》や福沢諭吉《ふくざわゆきち》も学んでいる。学問のレベルは断然大坂が高かったのである。

◉非常に清潔・すばらしい治安——世界一の都市だった江戸

一方、江戸も栄えに栄えた。江戸の人口は十八世紀初頭に百万を超えたといわれ、「大江戸八百八町」と呼ばれる世界一の大都市になった。江戸に人が集まったのは、水が豊富にあったからである。井戸だけならそうはならなかったはずだし、川だけでもならなかったはずである。ではなぜ江戸は水の都となったのか。それは上水道を引いたからである。何十里という長さの上水道をわずかの傾斜、勾配を利用して江戸まで引いてきて、江戸の町民もそれを自由に使えたのである。このような都市はなかなかない。

例えば、同じ頃のロンドンの人口は五十万くらいといわれている。それ以上増えなかったのは水がなかったからである。当時は下水がすべて川に流れ込んでいたため、川の水が使えなかったのである。

それに対して、江戸は上水があるうえに、排泄物《はいせつぶつ》はすべて畑に返したため、非常に清潔だった。「江戸に廃物《はいぶつ》なし」といって、捨てる物は何もなかったといわれるほどである。

スーザン・B・ハンレーというアメリカの女性学者は、日本の江戸時代を研究して驚き、「十七〜十八世紀に自分が生きていたとすれば、貴族に生まれたらイギリス、貴族でなければ江戸に住みたい」という趣旨の学位論文を書いている。これは誇張でもなんでもなく、幕末から明治初年にかけて数多くの外国人が来日しているが、皆が感嘆しているのは江戸の町が清潔なことである。

また、彼らは子供が楽しそうな様子でいること、泥棒がいないことも特徴に挙げている。

治安についていえば、日本の旅館の部屋にはドアがない。ところが、卓袱台《ちゃぶだい》の上に財布を置いて旅行に行っても、帰ってきてみると財布は盗まれずにそのままあったと、当時来日したアメリカの動物学者、E・S・モースも感激して手記に書いている。

江戸の治安維持を行っていた警察官にあたる同心《どうしん》などは百人単位で数えるくらいしかおらず、その上役にあたり、南町奉行所《ぶぎょう》・北町奉行所に配備された与力《よりき》の数はわずか二十五騎しかいなかった。ちなみに、同心の下働きをしていた岡っ引、目明《めあか》しというのは町人であった。百万の人口を考えれば、この人数の少なさは驚きである。それほど治安がよかったという証拠である。

◉民衆は金持ちになってゆき、幕府は困窮してゆく不思議な現象

このような環境下で経済は着々と伸びていった。すると商人が豊かになるのと相対的に、土地からしか収入のない武士が貧しくなっていく。

町人文化が花盛りとなったのは五代将軍綱吉《つなよし》の頃、元禄《げんろく》元年（一六八八）にはじまる元禄時代であったといえるだろう。この時代は「元禄風」という言葉があるくらい、たいへん贅沢《ぜいたく》な時代だった。今でいえばバブルの時代である。

ところが、あまりに贅沢がすぎるとその反動として、目につく贅沢を抑えようという意見が出てくる。それを最初に具体的な改革として行ったのが八代将軍吉宗《よしむね》（一六八四～一七五一）であった。いわゆる「享保《きょうほう》の改革」である。吉宗は質素倹約を旨として風紀の引き締めをはかり、大名から一万石につき百石を献上させ、また新田開発をすすめ

るなどして、幕政改革に手をつけた。

この享保の改革は約三十年続き、吉宗の退任とともに終わった。その間、経済は一時的に縮小するが、時間が経つに従ってまた豊かになっていった。そして、吉宗の後の家重の時代に田沼意次《たぬまおきつぐ》（一七一九〜一七八八）が大名に取り立てられ、さらに家治の時代に老中に抜擢《ばってき》されると、「田沼時代」といわれる華やかな時代を迎えることになる。

約二十年続いた田沼時代も、文化花盛りの溌剌《はつらつ》とした時代だった。洋学が栄え、前野《まえの》良沢《りようたく》や杉田玄白《すぎたげんぱく》がオランダ語（もともとはドイツ語）の医学書『ターヘル・アナトミア』を翻訳して『解体新書』として刊行した。志筑忠雄《しづきただお》は『暦象新書《れきしようしんしよ》』でニュートン力学やケプラーの天文学を紹介した。平賀源内《ひらがげんない》はエレキテル（静電気発生機）や寒暖計を発明した。

また近世日本文学の代表作といわれる上田秋成《うえだあきなり》の『雨月物語』、俳諧《はいかい》の与謝蕪村《よさぶそん》が登場し、国学では賀茂真淵《かものまぶち》の『万葉集』などの古典研究、本居宣長《もとおりのりなが》の『古事記伝』が出た。仏教では白隠禅師《はくいんぜんじ》が『坐禅和讃』を著し、石田梅岩《いしだばいがん》を開祖とする石門心学《せきもんしんがく》を中沢道《なかざわどう》二《に》が広めるなど、各分野で後世に影響を及ぼす人物および作品が次々に出てきた。

九州大学の名誉教授である中野三敏《なかのみつとし》氏は、田沼時代は「雅」と「俗」がちょうどうまく混ざり合って江戸時代でいちばん水準の高い時代だったのではないかという主旨の論文を書かれている。

しかし、一方で田沼時代は汚職の時代といわれ、田沼自身、賄賂《わいろ》を好んだとして評判は芳《かんば》しくない。また田沼意次が老中になってから、異常気象、火山の噴火、地震などの天変地異が続き、天明《てんめい》三年（一七八三）には東北地方を大飢饉《ききん》が襲い（天明の大飢饉）、それ以後も日照り、凶作、大洪水が続いた。田沼は経済改革を進めていたが、結局、天明六年（一七八六）に失脚してしまった。

田沼意次のあとに老中となったのは白河侯《しらかわこう》（陸奥国《むつのくに》白河藩主）松平定信《まつだいらさだのぶ》（一七五八〜一八二九）であった。彼が行ったのが「寛政《かんせい》の改革」である。寛政の改革も享保の改革と同じく、主眼となったのは贅沢品《ぜいたくひん》を抑え、綱紀粛正《こうきしゆくせい》をはかるというものであった。武士に対して衣服の新調を禁じ、家は壊れたとき以外は建ててはいけないと命じた。また、町人の持っている羽子板、雛《ひな》道具、玩具などに金銀箔《ぱく》を使わないように通達し、あるいは能役者の衣装や女の着物などにも制限を加えた。さらには高価なお菓子も禁じるなど、細かく規制していった。要するに、田沼時代に華やかになった江戸文化を抑えにかかったのである。

松平定信は「寛政異学《かんせいいがく》の禁《きん》」を出して朱子学以外の学問を禁止し、蘭学者を公的機関から追放して、政治批判を許さず、厳しく取り締まった。海防の必要性を説いた

『海国兵談《かいこくへいだん》』の著者、林子平《はやししへい》が処罰され、戯作者《げさくしゃ》の山東京伝《さんとうきょうでん》や版元の蔦屋重三郎《つたやじゅうざぶろう》らが摘発されて洒落本《しゃれぼん》や黄表紙《きびょうし》、浮世絵が衰えた。

他方、倹約令を発し、徳政令《とくせいれい》を出して旗本御家人《はたもとごけにん》の借金を棒引きにしたから、借金を返さなくてもよくなった武士たちには松平定信の改革は歓迎された。

だが、こういうやり方は長くは続かないものだ。享保の改革のときは、まだ民衆経済が弱かったからだいぶ長く続いたが、寛政の改革には民衆の反発が強く、わずか六年で行き詰まってしまった。

寛政の改革を田沼の腐敗政治と比較して風刺する有名な狂歌《きょうか》がある。

白河《しらかわ》の清きに魚《うお》も棲《す》みかねてもとの濁《にご》りの田沼恋しき

倹約や綱紀粛正ばかりでは世の中は貧乏くさくなって面白くもない。多少の汚職があっても、それによって経済がよく回り文化も活発になれば、生活していても楽しい。田沼時代はよかったなあ、というわけである。この気分は、高度成長期を経験した人たちにはよくわかるのではないだろうか。

寛政の改革があまりに厳格であるというので、定信は将軍家斉《いえなり》と対立する。そして寛政五年（一七九三）に定信は罷免《ひめん》され、寛政の改革は終了する。

寛政の改革が潰れると、その後は締めつけが緩み、世の中はまた自由になった。この間に江戸文化の爛熟《らんじゅく》期が現出した。いわゆる文化《ぶんか》・文政《ぶんせい》の時代である。十返舎一九《じっぺんしゃいっく》の『東海道中膝栗毛《とうかいどうちゅうひざくりげ》』、曲亭馬琴《きょくていばきん》の『南総里見八犬伝《なんそうさとみはっけんでん》』が刊行されたのはこの時期である。

文化・文政の時代は四十年続き、その結果として乱れた財政と風紀の立て直しをめざしてまたも改革を起こす人が出てくる。それが老中水野忠邦《みずのただくに》（一七九四～一八五一）による「天保の改革」である。

天保の改革は困窮する幕府財政の緊縮と大奥《おおおく》の粛正を動機とした。天保《てんぽう》十二年（一八四一）に将軍・大御所として五十年以上も政権の中枢にいた家斉が亡くなり、実権が家慶《いえよし》に移ると、水野忠邦は直ちに西ノ丸の家斉について汚職・腐敗を極めていた若年寄以下一千名近い者たちを処罰し、城の内外で綱紀粛正と改革を断行した。

民間では、風俗取締りを強化し、芝居小屋を江戸の中心から郊外の浅草に移転させ、寄席を廃止するなどして庶民の娯楽を規制した。歌舞伎《かぶき》役者の七代目市川団十郎《いちかわだんじゅうろう》は江戸追放となり、人情本作家の為永春水《ためながしゅんすい》や柳亭種彦《りゅうていたねひこ》も風紀を乱したとして処罰された。

また、立派な家屋、高い菓子、派手な看板、羽子板、羽二重《はぶたえ》、縮緬《ちりめん》、繻子《しゅす》、舶来品など、寛政の改革に輪をかけるように細かな禁令を実施し、少しでも文化や高い生活水準の匂いのするものはすべて禁止した。

さらに、江戸・大坂間の荷物運送の株仲間組合の特権を廃止して誰でも自由に商業取引ができるようにした。しかし、これは商業と商人に対する嫉妬《しっと》と憎悪から出た政策であり、また代案も用意していなかったため、逆効果になった。江戸開府以来自然発生的に発達してきた制度をなくした代償は大きく、貨物は動かなくなり、金融は止まり、物価が上がるなどの問題が起こった。

結局、天保の改革は二年足らずで終わり、水野忠邦は失脚した。水野失脚が町人に伝わると、数千人ともいわれる群衆が彼の屋敷に押しかけて石を投げ、兵を出してようやく家が破壊されるのを防いだというのだから、どれほど水野の評判が悪かったかがうかがい知れる。

民衆がどんどん金持ちになっていくのに幕府が困窮していくというのは不思議な現象であった。江戸幕府は軍事力を持ち、政治力を持ち、司法・行政に関わるすべてを掌握していた。通貨発行権まで持っていたのである。それなのに貧乏になっていくという例は世界でも稀《まれ》だろう。

このように幕府の力が低下しているときに黒船がやって来た。これをきっかけに幕府は急速に瓦解《がかい》して行くのである。

◉黒船来航にとった、徳川幕府の致命的ミスとは？

水野忠邦が失脚してから十年後の嘉永《かえい》六年（一八五三）、アメリカのマシュー・ペリーが黒船で浦賀《うらが》に来航した。それまでにも文化元年（一八〇四）にはロシアのレザノフが通商を求めて長崎に来航し、同五年（一八〇八）にイギリスの軍艦フェートン号が長崎に侵入する事件があったが、幕府は文政《ぶんせい》八年（一八二五）に異国船打払令を出す程度で真剣に対応してこなかった。

しかし、ペリーの開国要求は強硬にして執拗《しつよう》だったので、幕府は対処しきれなくなって、老中主座であった阿部正弘《あべまさひろ》は諸大名に対応を相談する。しかし、これは徳川幕府としてはやってはいけないことだった。そもそも鎖国をしたのは幕府なのだから、開国したほうがいいと判断したのなら勝手にそうすればよかったのである。

相談をされた大名たちはそれぞれ勝手な意見を述べた。その結果、国政を合議制で決定しようという「公議輿論《こうぎよろん》」の考え方だけが広がり、幕府の権威を下げることになってしまった。

阿部正弘のあとを継いだ堀田正睦《ほったまさよし》は開国派だったが、阿部と同じ失敗をした。安政《あんせい》三年（一八五六）に来日したアメリカ駐日総領事タウンゼント・ハリスが携えてきた上申書を諸大名に示し、開港通商に関して各大名の意見を求めたのである。さらに安政五年（一八五八）二月、堀田は京に上り、参内《さんだい》して事情を述べて、日米修好通商条約調印の許可を朝廷に求めた。

これによって幕府は崩壊への道を歩みはじめたといってよいだろう。朝廷に外交に関する国政への発言権が生まれたのである。朝廷の公家たちの会議では議論が沸騰《ふっとう》し、結局、堀田に修好不許可の勅諭《ちょくゆ》書を授けた。

この直後の四月、幕府は堀田に代えて井伊直弼《いいなおすけ》（一八一五～一八六〇）を大老にした。そして六月にはアメリカ軍艦二隻が下田にやって来た。またロシアのプチャーチンも下田に来た。ハリスも再び軍艦で神奈川に来て調印をうながした。

これに対して幕府の中で「条約調印に勅許《ちょっきょ》は不要である」という正論があった。井伊大老はこれに反対だったが、やがてその意見に屈して、ついに安政五年六月十九日、神奈川において日米修好通商条約が調印されることになった。

怒ったのは攘夷《じょうい》に熱心だった孝明《こうめい》天皇（在位一八四六～一八六六）である。孝明天皇は幕府に対し二度も譲位の意思を表明し、ここに「尊皇攘夷《そんのうじょうい》」のスローガンが生まれることになった。

幕府には鎖国が続けられないことがわかっていた。日本は「武」の国だから、アメリカの黒船を相手に戦っても勝てないことはすぐさま理解できた。黒船が江戸湾に入ってきて江戸城を砲撃してきたら、止める手立ては何もないのである。ゆえに、腹の中では開国せざるを得ないと思っていたのである。

そして幕府は、開国をしても大きな問題はないと判断していた。それは海で遭難してアメリカの捕鯨船に助けられ、米本土に渡っていた元土佐の漁師、ジョン万次郎《まんじろう》（一八二七〜一八九八）から得た情報によるものだった。

ジョン万次郎は白人と結婚した最初の日本人といわれ、アメリカの捕鯨船に乗ったときには船長代理のような役に選ばれたこともある。ゴールドラッシュにわくカリフォルニアの金山を見たり、アメリカ大統領に会ったこともある。もちろん英語もできるというわけで、アメリカについて桁《けた》違いに正確な知識を持っていた。

幕府は日本に帰国したジョン万次郎を重用して、いろいろ話を聞いた。その中でいちばん重要だったのは、「アメリカには日本を征服する気はない」ということだった。アメリカが日本に開港を求めた真意は、捕鯨船のための水や補給のための避難港が欲しい、できれば貿易もしたいということであると聞いて、幕府は安堵《あんど》し、それほどの危機感を持たなかった。しかし、幕府はそれを外に向かって公表しなかった。そのため、実情を知らずに「攘夷」を声高に叫ぶ攘夷派が生まれてしまったのである。

本来であれば、徳川幕府は初めから責任を持って断固開国するというべきだった。それを怠ったために、朝廷、諸大名、そして庶民まで巻き込んで、日本中が蜂《はち》の巣をつついたような騒ぎになったのである。

◉維新の志士の必読書となった『日本外史』『日本政記』

尊皇攘夷《そんのうじょうい》論が公に語られるようになったのは、幕府が開国と修好条約の締結について独自に決められず、諸大名の意見を聞き、朝廷にお伺いを立てて却下されたことがきっかけになったといってもよい。しかし、そういう尊皇攘夷論の思想のもとになる国体観というものは、それより以前にじわじわと発達していた。

これは大きくいえば日本の歴史が意識されてきたということで、大きなものでいえば徳川幕府の天下の副将軍、徳川光圀《みつくに》が作った『大日本史』の存在がある。これは神武《じんむ》天皇から南北朝の統一までの歴史を紀伝体で記した歴史書である。『大日本史』は普通の人が手に入れて読むような本ではなかったが、一般に広く流布した本もあった。頼山陽《らいさんよう》の『日本外史《にほんがいし》』である。これは平家の勃興から徳川十二代将軍家慶《いえよし》にわたる武家の歴史を家系ごとの列伝体で書いた歴史書で、講談的な面白さがある。

この『日本外史』を松平定信《まつだいらさだのぶ》が読んでみたいと言い出し、求めに応じて頼山陽は一部を献上している。頼山陽は大名家の儒者の子供であったから、徳川家の不興を買うようなことは書かない。しかし、松平定信に渡した原稿は、将軍家に触れるときは改行して他の文章より一字上げて書き、朝廷について書くときは二字上げて差をつけている。これによって、読んでいると幕府の上に皇室があることが自然にわかるようになっているのである。

また、徳川家康について書くときに、初めの頃は「少将殿」という呼称になっているが、偉くなるに従って「徳川中将」「内府」というように書き方を変えている。これは当然なのだが、読むほうとすれば、どうして位が変わるのかと考える。そしてだんだんと皇室から位をもらっていることに気づくのである。

この『日本外史』は幕末から明治にかけて非常によく読まれた。すると『日本外史』を読む者には、幕府の上には天皇があって、天皇から位が来ているらしいというような関係がなんとなくわかってくるのである。そして、将軍は元来、天皇の持つ政治権を奪っているものであるという認識が広がっていくことになる。幕府にもそうした認識があったからこそ、鎖国をやめるかどうかというときに皇室の意見を聞こうという意見が出たと思うのである。

この『日本外史』の次に、頼山陽は『日本政記《せいき》』を書いた。これは天皇家の歴史を中心にして神武天皇から第百七代後陽成《ごようぜい》天皇の時代まで、つまり秀吉の第二次朝鮮出兵の終結までを取り上げた通史になっている。分量的には『外史』の半分くらいだが、『外史』が武家政治の時代からはじまっているのとは内容を異にする。

この『日本外史』と『日本政記』は維新の志士の必読書となり、木戸孝允《たかよし》も伊藤博文も影響を受けたといっている。頼山陽自身、「細かい点は間違っているかもしれないが、そこは調べたい人が調べてくれ」という意味のことを書いているように、緻密《ちみつ》な学問研究の成果というような書き方にはなっていない。しかし、むしろ講談的な面白さがある本であったがためにかえって維新の志士たちの心を捉え、新しい時代を切り拓く原動力となったのではないかと思われるのである。

◉幕府の権威が地に落ちた象徴・桜田門外の変

この攘夷派弾圧に舵《かじ》を切ったのが大老井伊直弼《いいなおすけ》だった。井伊直弼は攘夷の考えを持っていた孝明天皇から勅許《ちょっきょ》を得られないままアメリカと修好通商条約を結び、また、前水戸藩主徳川斉昭《なりあき》の子一橋慶喜《ひとつばしよしのぶ》を次の将軍に推す協調派を無視して、紀州藩主徳川慶福《よしとみ》(後の家茂《いえもち》)の将軍継嗣《けいし》指名を強引に行った。これに対して朝廷は、幕府が孝明天皇の意に反してアメリカと修好通商条約を結んだこと、一橋慶喜を次の将軍に推した大名たちを処罰したことを非難する勅書を水戸藩士に渡した。この動きに激怒した井伊は、反対派を烈《はげ》しく弾圧した。これがいわゆる「安政《あんせい》の大獄《たいごく》」（一八五八～一八五九）である。

この安政の大獄によって、尊皇攘夷運動の急先鋒であった梅田雲浜《うめだうんぴん》や頼三樹三郎《らいみきさぶろう》（頼山陽の三男）、吉田松陰《よしだしょういん》らが刑死もしくは獄死している。また、橋本左内《はしもとさない》は開国派であったにもかかわらず、藩主松平春嶽《まつだいらしゅんがく》を助けて一橋慶喜の擁立運動を行ったために処刑された。さらに、開国に反対する水戸の藩主徳川斉昭も蟄居《ちっきょ》させられた。

藩主を蟄居させられ、さらに朝廷から水戸藩に渡った密勅の提出を求められた水戸藩士は憤慨した。そして安政七年（一八六〇）三月三日、十七人の水戸藩士と一人の薩摩藩士が江戸城桜田門外《さくらだもんがい》で井伊大老の行列を襲撃し、暗殺するという事件が起こった。「桜田門外の変」である。

幕府の力が急に衰えたのは、この桜田門外の変が原因である。なんといっても幕府は武力政権である。徳川八百万石と称し、三河以来の武士団・旗本八万騎を抱えるといわれる徳川家の「武」の威信は当時の最大の権威であり、誰からも恐れられていた。武士の上には藩主がいる。殿様は武士から見れば絶対の存在である。その殿様の上にあるのが幕府なのである。そのため、幕府は大公儀といわれ、雲の上の上に仰ぎ見るような存在であったのである。

その武力政権のトップに君臨する大老が、あろうことか江戸城の前で痩《や》せ浪人に襲われて首を取られたのである。これは考えられない事態であり、幕府の権威が地に落ちたことを象徴的に示す事件であった。

この桜田門外の変からわずか七年後に大政奉還《たいせいほうかん》が行われ、その二年後には明治天皇は江戸城にお入りになるわけだが、この間の歴史の流れの速さたるや、ただただ驚くほかはない。この事件の及ぼした影響がいかに大きかったかを示しているものといえよう。

コラム◆日本人の理想像とは――大和心と大和魂

ルース・ベネディクトは日本の文化を「菊と刀」で表現した。「菊」とは、本居宣長《もとおりのりなが》が「敷島《しきしま》のやまと心を人問はば朝日ににほふ山桜花」と詠んだような優しい気持ち、平安朝文学をつくったような雰囲気のことである。一方、「刀」は大和《やまと》魂であり、鎌倉武士に象徴される武士道になる。したがって、大和心というのは菊派の大和心と刀派の大和心（大和魂）の二つがあることになる。

これを人間のあり方として見れば、両方を備えた人が好ましいということになる。どちらの比重が大きいかは人によっていろいろ違うと思うが、武のたしなみがあって心が優しいという人が日本人の理想像になるわけである。

この菊と刀を神代からある「和魂《にきたま》」「荒魂《あらたま》」という言葉で表せば、菊は和魂派で大和心、刀は荒魂派で大和魂ということになる。この二つの大和心は時代によって現れ方が異なり、戦争中は刀派・荒魂派の大和心（大和魂）が随分主張されたし、平和な時代は菊派・和魂派の大和心が主流となった。

江戸時代にうたわれ、今でも花柳《かりゅう》界でうたわれている今様《いまよう》がある。「花より明く

る　み吉野の　春のあけぼの見渡せば　唐人もこま人も　大和心《やまと》になりぬべし」というものだが、これは菊派の大和心の雰囲気をよく表している。江戸がいかに平和な時代だったかということである。

第四章

近代

日本は西欧のアジア植民地化に立ち向かった

◉徳川幕府に、実質的終止符を打った「小御所会議」四人の決闘

桜田門外の変から大政奉還へと一気に突き進むというときに思想的な根拠となったのは「王政復古《おうせいふっこ》」、すなわち君主制の復活という考え方である。

そして歴史上に王政復古の範を求めると、北条幕府を倒した後醍醐《ごだいご》天皇、そのとき働いた楠木正成《くすのきまさしげ》と新田義貞がいるというので、これらの人々が幕末から明治にかけて英雄中の英雄になって浮かび上がってくることになった。

これには『太平記《たいへいき》』の影響も大きかったと考えられる。『太平記』は反北条という立場で後醍醐天皇側から書かれているため、幕府と戦おうとする者は楠木・新田側に立ち、彼らを英雄視することになるのである。

実際に王政復古が実現するまでには紆余《うよ》曲折があった。幕末当時、いちばん説得力があったのは「公武合体論」であった。これは日米修好条約締結をめぐってこじれた朝廷と幕府の関係修復をめざしたもので、朝廷と幕府の君臣の関係を改めて確認したうえで、実際の政治は公家も参加するが、実際は朝廷より委任された幕府および大大名が行うという、それまで慣習化されていた形式を再確認して幕府の権力強化をねらったものである。これは薩摩藩の島津斉彬《なりあきら》・久光《ひさみつ》、越前藩の松永慶永《よしなが》（春嶽《しゅんがく》）らが唱え、西郷隆盛《さいごうたかもり》も最初は賛成していたと思われる。

常識的に考えると、公武合体はいちばん無難な方法である。ところが、歴史の大変革のときというのは、必ずしも理にかなった無難な方法が通るかというと、そうはならないものなのである。

公武合体から王政復古への大転換の舞台になったのが小御所《こごしょ》会議である。徳富蘇峰《とくとみそほう》の言葉によれば、「徳川幕府をつくった出発点が関ヶ原の戦いだとすれば、徳川幕府を終えたのは小御所会議である」ということになる。では、小御所会議とはどういうものだったのか。以下に触れてみよう。

徳川慶喜《よしのぶ》が慶応《けいおう》三年（一八六七）に大政奉還を申し出る。これは土佐の山内容堂《やまうちようどう》の案であったといわれるが、おそらく後藤象二郎《ごとうしょうじろう》の意見であろう。慶喜にしてみれば、政権を返上しても、ほかに誰も政治をやった者がいないのだから、自ずと徳川家が再び政治を執り行うことになるであろうと考えていたようである。ところが、これは徳川家にとって致命的な失敗だった。なぜ失敗なのかといえば、ひとたび政権を返上してしまえば徳川家はほかの大名家と同列の立場になってしまうからである。それに慶喜は気づいていなかった。

慶喜の大政奉還の申し出を受けて、同年十二月九日に王政復古の大号令が発せられた。それと同時に、幕府が政権を朝廷に返し、慶喜が将軍を辞職したあとをどうするかを話し合うために京都御所の小御所で会議が開かれた。これが「小御所会議」といわれるものである。

小御所会議には皇族や公家の代表、主な大名およびその家来が集まった。また明治天皇が初めて、御簾《みす》の奥にご出席になった。近代日本の最初の御前《ごぜん》会議である。だが、ここに大名中の大名である徳川慶喜が呼ばれていなかった。

これを見た山内容堂は「この会議に慶喜を呼ばないのは何ごとであるか。ここに集まっている者たちは天皇がお若いのをいいことに、自分が天下を取ろうとしているのではないか」という発言をする。その言葉じりをとらえて公家の代表として出席していた岩《いわ》倉具視《くらともみ》が「天皇がお若いのをいいことに勝手なことをするとは何ごとであるか。天皇はお若いとはいえ英邁《えいまい》なるお方である。なんたる失礼なことをいうのだ」と怒ってみせた。

天皇が若いことを理由にするのは、天皇が頼りにならないといっているようなものである。それに気づいた山内容堂は恐れ入って、それ以上発言できなかった。

それを見て、今度は大久保利通《としみち》が次のように発言した。「慶喜がここに出席するためには、まず慶喜が恭順の意を示し、徳川の領地をすべて差し出すべきではないか」と。

そこから会議は岩倉・大久保の線で慶喜討伐まで一直線に突き進むのである。

小御所会議は「山内容堂・後藤象二郎に対する岩倉具視・大久保一蔵《いちぞう》（利通）四人の決闘だった」と徳富蘇峰はいっている。蘇峰は、小御所会議で無記名投票が行われれば、公武合体のほうに動いただろうと推測しているが、山内容堂の発言にかみついた岩倉と大久保の議論で「公武合体」は「倒幕親政」へと変わってしまったのである。

◉歴史を変えたかもしれない、幕臣・小栗上野介の主戦論

小御所会議のあと、すぐに新政府軍と旧幕府軍が衝突した鳥羽伏見《とばふしみ》の戦いが起こる。このときはまだ幕府軍の数は多かったが、慶喜に戦う気がなかったうえに、薩長軍の鉄砲は新型で射程が長かったため、幕府軍はあっさり負けてしまう。大坂城に籠城《ろうじょう》して戦おうとした幕府方の人間もいたが、気がついてみたら、大坂城にいた慶喜は戦を放棄して軍艦開陽丸《かいようまる》で江戸へ逃げ帰ってしまっていた。慶喜は水戸の出身だから光圀《みつくに》以来の尊皇的な思想が強く、「錦《にしき》の御旗《みはた》」を掲げる「官軍」と戦うことを好まなかったのである。そして江戸に戻ると、恭順の意を示して江戸城から立ち去ってしまった。

もしもこのとき慶喜が戦う気を見せていれば、日本は内乱状態になっていただろう。勝敗もどちらに転んだかわからない。というのは、薩長方には軍艦がほとんどなかったのに対し、幕府は何隻もの軍艦を持っていたからである。すると、江戸に攻め上った官

軍は、箱根あたりで幕府軍と衝突し、そこで幕府軍が頑張っているうちに幕府の戦艦が大坂あたりに逆上陸して後方を押さえれば、官軍は干上がってしまう。実際、幕臣の小栗上野介《おぐりこうずけのすけ》は主戦論を唱え、そういう案を出しているのである。

しかし、「ぜひ戦わせてくれ」という小栗を振り切って、慶喜は退いてしまう。すると今度は、その志を受けた勝海舟《かつかいしゅう》が西郷隆盛と一対一で話し合って、江戸城を無血開城してしまうのである。

その後も東北・北海道を戦場に戊辰《ぼしん》の役が起こっているが、もはや歴史の流れに逆らうわけにはいかなかった。榎本武揚《えのもとたけあき》がたてこもった函館《はこだて》の五稜郭《ごりょうかく》にしても短期間で落ちるし、東北地方で頑張った庄内藩も降参して終わるのである。

これを革命といってもいいと考える歴史家もいるようだが、私は、革命を起こされた側のトップに君臨する慶喜が殺されず罰せられないのだから、革命とはいえないのではないかとも思う。日本の歴史に独特な「国体の変化」というべきであろう。

ただし、勤皇《きんのう》側が特に憎んだ人物が二人いた。先の小栗上野介と京都で志士たちを斬りまくった新選組《しんせんぐみ》の近藤勇《こんどういさみ》である。この二人は殺されているが、これは例外といってよいだろう。

◉明治維新は革命ではなく大規模な政権交代だった

徳川慶喜の大政奉還、および王政復古の大号令によって徳川時代は終わりを告げ、明治維新を迎える。この明治維新《いしん》を考える場合に重要な一点は、維新の元勲《げんくん》たちは、倒幕運動を革命と捉《とら》えていないのではないかということである。

政権の中心になった人たちは思慮深く、もしもあのとき慶喜が頑張っていたら危なかったとわかっていたようである。徳川幕府はフランスと親しく、フランスも幕府の援助を申し出ていたから、その気になればいくらでも援助を得ることができた。すると、勤皇軍にはイギリスが味方して、国を二分する内戦になる恐れもあったのである。

そうなれば、どちらが勝ったにせよ代償としてフランスかイギリスに領土を割譲させられていたかもしれない。それが避けられたのは、ひとえに慶喜のおかげであるというようなことで、慶喜は後に公爵《こうしやく》になるのである。また、慶喜の家を継いだ家達《いえさと》は貴族院議長になっている。

そう考えると、やはり明治維新というのは革命というよりも大幅な政権交代と考えたほうがよいのかもしれない。このあたりがいかにも日本的なところで、簡単に革命とはいえないところがある。フランス革命では国王ルイ十六世も、「パンがなかったらお菓子を食べればいいじゃない」といったと伝えられる王妃マリー・アントワネットもギロチンにかけられている。ロシア革命では皇帝一族だけでなく、その馬まで殺されている。それに比べれば、日本の明治維新はいかにも穏やかである。

これを英語では「リストレーション（restoration）」という。まさに「王政復古」、主権者が再び王家に代わったことを意味する言葉である。日本では天皇家は滅ぼされたわけではなく、ずっと続いていた。だから、そこに再び主権が戻ったというのが「リストレーション」である。

さて、慶応四年（明治元年／一八六八）三月十四日、明治天皇は公家や諸侯に対し「五箇条《ごかじょう》の御誓文《ごせいもん》」を示し、明治新政府の方針を明文化した。これは近代日本の指針となった重要な声明である。以下に全文を記しておくことにする。

一　広ク会議ヲ興《オコ》シ万機《バンキ》公論《コウロン》ニ決スヘシ
一　上下《ショウカ》心ヲ一ニシテ盛《サカン》ニ経綸《ケイリン》ヲ行フヘシ
一　官武一途《イット》庶民ニ至ル迄《マデ》各《オノオノ》其《ソノ》志《ココロザシ》ヲ遂《ト》ケ人心ヲシテ倦《ウ》マサラシメン事ヲ要ス
一　旧来ノ陋習《ロウシュウ》ヲ破リ天地ノ公道《コウドウ》ニ基《モトヅ》クヘシ
一　智識《チシキ》ヲ世界ニ求メ大《オオイ》ニ皇基《コウキ》ヲ振起《シンキ》スヘシ

この五箇条の御誓文は明治政府ができて最初の内容のある詔勅《しょうちょく》のようなものだが、いわゆる詔勅とは違い、明治天皇が神に誓ったものという形をとっているのが特徴である。

◉欧米視察に衝撃を受けた岩倉使節団、そして生まれた「富国強兵」

明治政府ができたときに、非常に注目されたのが西郷隆盛の地位である。西郷隆盛は唯一の陸軍大将であって、当時の武士たちから最も尊敬された人物である。しかし、その西郷には自分たちが天下を取ったときに、これからの日本をどうするかというビジョンがなかったように考えられる。これはひとり西郷にのみならず、ほかの人にもなかったのではないかと思うのである。

それで具体的にどうしようかとなった。そのとき、幕末の頃に長州藩の留学生としてイギリスに渡った伊藤博文《いとうひろぶみ》や井上馨《いのうえかおる》の存在が大きくものを言った。自分の目で西洋の凄《すご》さを見ていた彼らは、いくら書物で勉強したところで現物を見るには到底及ばないことを知っていたはずである。これは想像だが、使節団の話が出たとき、伊藤と井上は大久保たちに「ヨーロッパ文明は、いくら本を読んでも絶対にわからない。政策を立てようと思うのならば、西洋を一度見てくるべきだ」と繰り返し助言したのではないだろうか。

それにまた条約もきちんと結び直さなくてはならないし、ということで、条約改正も含めて、明治四年（一八七一）から六年（一八七三）にかけて岩倉具視《いわくらともみ》を団長にした岩倉使節団が欧米の視察に出ることになった。この使節団には、長州の実力者木戸孝允《きどたかよし》、それに付き添って伊藤博文、そして薩摩の大久保利通という大物が参加した。一方、留守番も必要なので、これは西郷隆盛が中心になることにした。

これも明治維新が革命ではなかったという一つの論拠となるかもしれない。例えば、ロシア革命をやったレーニンが、革命が終わって数年後に、留守は仲間に任せて自分は二、三年ロンドンに行ってくるというわけにはいかなかったはずだ。毛沢東《もうたくとう》でも同じである。

岩倉使節団の一行は欧米で何を見たのか。見るべきものをちゃんと見たのである。それは驚くべき日本と先進国の格差である。それは「もう士農工商ではどうにもならん」という危機感であり、さらに言えば「これからは工と商の時代だ」という実感であったはずである。これは耳で聞いてもわからなかった話である。こうした驚きは、岩倉使節団の十一年前に咸臨丸《かんりんまる》で渡米した福沢諭吉も受けたものである。『福翁自伝《ふくおうじでん》』にはホテルに絨毯《じゅうたん》が敷きつめてあり、その上を靴のまま歩くのを見て驚く福沢諭吉の言葉が綴《つづ》られている。

使節団のメンバーのほとんどは維新の志士であったから、江戸と京都の間を歩いた経験がある。その道路がどんなものかをよく知っている。つまり、舗装されてないから大八車《だいはちぐるま》も通れない。馬か、人間の足でなければ通れないのである。ところが、アメリカへ行くと、すでに鉄道が走っているのである。またヨーロッパは、ナポレオン戦争が終わって五十年経っており、その間に彼らは休みもせずに武装し、工業を高めてきた。その文明は圧倒的だったはずである。

この差を埋めるにはどうすればよいのか。特にみんな武士であったから武器のことはよくわかる。ぼやぼやしていると、日本は西洋の植民地にされかねない。一刻も早く兵力を増強しなくてはならない。そのためには性能のすぐれた武器を持たなければいけないのだが、船一つ大砲一つ買うにしても造るにしても莫大な金がかかる。だからまず金を儲けなければいけない。その結果「富国強兵《ふこくきようへい》」というスローガンを掲げるに至ったのである。この「富国強兵」ほど正確な当時の現状認識はなかったと思う。また、「富国強兵」を実現するためには自前の産業を育成しなければならない。そこで生まれたスローガンが「殖産興業《しよくさんこうぎよう》」であったのである。

しかも、この一行が偉かったのは、彼我の格差に驚きながらも、自分たちは何年くらい遅れているのか、と考えたところにある。歴史を振り返れば、信長、秀吉の頃はまだ大して遅れていない。大ざっぱに考えると、五十年くらい遅れているのではないかと判断するのである。そして、それなら追いつけると確信する。

それで、日本に帰国したらとにかく富国強兵をやろうと意見が一致する。実は使節団の中でも大久保と木戸は一緒にいるのが嫌だからと別々に帰国しているほど仲が悪い。しかし、それでも富国強兵が必要だという見方だけは変わらなかったのである。

◉「士農」を中心に思う西郷、「商工」最重視の欧米視察組の決定的対立

使節団が帰国してみると、国内では西郷が中心になって征韓論《せいかんろん》が沸きおこってきていた。日本は新しい政府ができたことを受けて、朝鮮と国交を開くことを考えた。これはロシアの南下に備えるためでもあった。つまり、朝鮮がロシアの植民地になることを恐れたのである。そのためには朝鮮に開国を促し、近代化してもらうほうがよい。それが朝鮮のためにも、そして日本の国益にも合致すると考えたのである。

そこで新政府は朝鮮国王高宗に外交文書を送るが、この文面に「皇」とか「勅」という字が使われていたことから行き違いが起こった。当時の朝鮮は清《しん》の属国であるから、皇帝といえば清の皇帝以外には考えられない。また朝鮮に勅語を出すのも清の皇帝しか

いないのである。

その清の皇帝にしか使えない言葉が日本の国書に使われていたため、朝鮮は受け取りを拒否した。これは無理のない話である。一方、日本側には朝鮮を日本の属国にする意思など全くなかった。ただ政治体制が変わって、日本は天皇親政の国に変わったことを伝えたかっただけであった。日本は朝鮮に説明をし、文書の書き直しもしたが、朝鮮は交渉を拒否し、関係がこじれてしまった。

このような背景から生まれたのが「征韓論」である。当時は武士の名残《なごり》でまだ血の気の多い者が多かったから、武力行使をしてでも朝鮮を開国させるべきだという意見が沸騰してきたのである。

そのとき西郷は、息巻く周囲をなだめつつ、「外交文書のやりとりで埒《らち》が明かないなら、自分が特使として朝鮮に乗りこんで直談判する。それで、もし自分が殺されるのであれば出兵もやむをえない」と主張した。

そこへ使節団の一行が帰国してきた。当然のことながら、大久保利通らは朝鮮半島への武力行使には全く否定的だった。そんな余裕はどこにもない。一刻も早く商工業を興して富国強兵策を実行しなければ、日本は西洋に呑み込まれてしまうという危機感でいっぱいだったのである。しかも当時は徴兵制が施行されたばかりで（明治六年布告）、現実的に朝鮮出兵を実行できる状態にはなかった。

しかし、西郷にしてみれば一応勅許《ちょっきょ》はもらっており、それが潰《つぶ》されるとなるとメンツが潰されたも同然である。また西郷の感覚としては、新しい政権を取った者が贅沢《ぜいたく》をしているのが気に食わないという考えもあったと思う。これは西郷の全くの誤解なのだが、例えば大久保が立派な洋館を建てた。それは外国人と会うときに長屋で会うわけにはいかないというのが理由だった。事実、明治十一年（一八七八）に大久保が暗殺された後で調べてみると借金しかなかったといわれるから、決して権力にものを言わせてカネを儲けたわけではない。

しかし西郷の心境としては、「お前たちに贅沢をさせるために維新をやったのではない。これでは士族たちがかわいそうではないか」となる。その頃はすでに版籍奉還《はんせきほうかん》、廃藩置県《はいはんちけん》がなされて、士族たちの地位は相対的に低下していた。そのうえに商工業を国家建設の中心とするならば、維新を実現させた武士たちは完全に割を食うことになる。

西郷の倫理観からすれば、大切なのは「士」と「農」であって、武士が武士らしく生きることのできる国をつくることが何よりも大切であり、そのためには食べる分のコメがあれば十分で、余分なカネは必要ない。武士と農民を大切にするのが新国家の使命だと考えていたようである。

だが、現実はそううまくは行かない。特に自分の目で西洋文明を見てきた使節団の一行にしてみれば、「武士の覚悟なぞでは勝ち目はない、商業と工業を伸ばさなければ駄目だ」という思いがある。ここが「士農」を中心に据《す》えるべきとする西郷と、「商工」重視の洋行組との決定的な対立点であった。

自分の意見を退けられた西郷は、クーデターによって大久保たちを打倒することもできたはずである。しかし、彼はそうはせず、潔《いさぎよ》く下野《げや》して薩摩に帰るのである。結果として、この後、明治十年（一八七七）に西南《せいなん》戦争が起こるわけだが、これは西郷が起こしたというより、周囲の状況が彼を戦争に引きずり込んだと見るほうが正しいだろう。彼には権力を私物化する意思などこれっぽっちもなかったのである。

その西南戦争だが、これは初めから勝敗が決まっていたといってよい。唯一の陸軍大将だった西郷隆盛は、自分が行けば陸軍少将の谷干城《たにたてき》が指揮を執る熊本城は必ず開門するはずだと思っていた。しかし、谷干城は必死に防戦して、西郷軍は熊本に釘づけにされてしまう。しかも、西郷軍には海軍がなかったから、そのうち政府の援軍が西郷軍の後方に上陸し、逆に包囲されてしまった。最後には鹿児島にも上陸されて、とうとう西郷は鹿児島の城山で自害して果てるのである。

この西南戦争の終結で、不平武士のごたごたはなくなった。その前には熊本の神風連《じんぷうれん》の乱、萩《はぎ》の乱、佐賀の乱といった不満分子の反乱があったが、大西郷さえも潰されたということで、もはや反乱を起こす日本人はいなくなったのである。

◉野蛮国でないことを証明するために造られた鹿鳴館

安政五年（一八五八）、当時の幕府はアメリカをはじめとする欧米五か国（アメリカ・イギリス・フランス・ロシア・オランダ）と通商条約を結んで正式な国交を持つようになった。しかし、そこで日本は決定的に不利な二つの条項を押し付けられた。

一つは関税自主権の問題である。これは関税をかける権利だが、安政の条約では、日本が関税率を変える場合には、必ず相手国と協議しなければならないとされていた。これを自由にしないと、西洋諸国から安い商品が送り込まれ、日本の国内産業が潰される恐れがあった。

二つ目は、治外法権（領事裁判権、extraterritoriality）の問題である。これは、日本で悪事を働いた外国人を捕まえても日本には裁く権利がなく、その権利はその国の領事館が持つというものである。つまり、日本に主権がないというわけで、これはなんとしても廃止しなければならなかった。

しかし、外国はなかなか承諾しようとしなかった。当時の欧米諸国はアフリカ、インド、シナといろいろな国に行って、その国情を見ている。彼らにしてみれば、それらの〝野蛮な〟国の法律で自国民が裁かれるのはたまらないという心配があったのである。勝手な論理ではあるが、その心配はわからないでもない。

そこで、それらの国と日本は違うことを彼らに理解させるために、早急に憲法を制定する必要が生じてきた。また野蛮国ではないことを示すために——今見れば笑い話でしかないが——外務卿《きょう》（のちの外務大臣）の井上馨《かおる》の主導によって鹿鳴館《ろくめいかん》を造り、そこでダンスパーティーを開いた。維新の志士がやるダンスパーティーだから悲壮なものであったに違いない。「そんな西洋の猿真似をしてまで白人の歓心を得たいのか」という声があちこちで起こった。

しかし、明治政府の人々は真剣だった。そもそも井上馨は青年時代に最も強硬に攘夷を唱えて暗殺されかかったような人物である。その井上が治外法権を撤廃するために必死で鹿鳴館外交を推し進めた心情というのを、われわれは汲《く》み取るべきだろう。

しかし、この二つの不平等条約が完全に撤廃されるには時間がかかった。治外法権がなくなるのは日清戦争の直前であり、関税自主権が回復されるのは日露戦争の後の明治四十四年（一九一一）であるから、安政の条約を締結してから五十三年もかかったことになる。

◉なぜ明治憲法の規定に「首相」や「内閣」がなかったのか？

一人前の国家になるためには治外法権を撤廃しなければならない。その下ごしらえとして明治憲法が必要だった。日本が諸外国から近代的な法治国家と見なされるためには、やはり法体系の根幹となるべき法律を制定する必要があったのである。

その役割を引き受けたのが伊藤博文である。伊藤博文は、若い頃にイギリスに行っているから、議会制民主主義が根付き、王室の安定しているイギリスのあり方が最も日本に向いているのではないかとわかっていた。しかし、イギリスには憲法がないので、真似するにも真似できない。では幕府と親しかったフランスはどうかといえば、憲法はあるものの共和制だから参考にならない。アメリカも同様の理由で駄目である。

どうしたらいいかと思い悩みながら、伊藤はオーストリアに行く。当時のオーストリアはハプスブルク家の時代で皇帝が存在する。そこで彼はシュタインという憲法学者に会って、立憲君主制というものを教えられるのである。それによって彼は元気を取り戻したといわれている。

次に伊藤はドイツへ行く。当時のドイツはビスマルクの時代で日の出の勢いにあった。ビスマルクは伊藤にグナイストというドイツ第一の憲法学者を紹介した。この人はイギリスも含めて世界で最初に『イギリス憲政史』というイギリス憲法の歴史を書いている。しかもローマ法の専門家で、実務経験もあった。

グナイストは伊藤から話を聞いてみて、日本にはドイツ帝国の法律は当てはまらないだろうと考えた。というのも、ドイツ帝国はバイエルンやプロシアなど、いろいろな小国家を統一した連合国家で、日本とは成り立ちが違う。むしろ日本は昔のプロイセンに似ているから、旧プロイセン憲法を手本にしてはどうかと助言をするのである。これはまさに慧眼《けいがん》というしかなく、当時、伊藤に対して行ったグナイストの講義を筆記した資料を読むと、明治憲法の肝心のところはプロイセン憲法そのままといってよい。プロイセン憲法に日本的な部分をつけ加えたのが明治憲法となっているのである。

今から考えるとおかしいのは、明治憲法には「首相」という言葉も「総理大臣」という言葉も出てこないことである。それどころか、「内閣」という文字すら見あたらない。明治十八年（一八八五）にすでに内閣制度ができて、大宝律令、養老律令といった昔の律令が廃止され、太政大臣もなくなり内閣総理大臣の制度ができていたのに、明治二十二年（一八八九）に発布された憲法には何も書かれていないのである。

これは国王のほかにそうした強力な権力を持つ制度をつくるのを嫌がったプロシア憲法の影響ともいわれる。また、一つには、西南戦争の経験から、人望の厚い西郷のような人物が出てきて首相として権力を行使すると、また徳川幕府のような体制に後戻りするのではないかという発想もあったようである。

今のわれわれにはわからないが、当時の人は何しろ強大なる徳川幕府と戦ったという感覚が残っていた。幕府の将軍というのは、考えてみれば首相と同じではないかと考え、それに連なるようなものは避けなければならないという心配をしたようである。

しかし、憲法の規定に首相も内閣もなかったことが、後に軍部の暴走を許すことにつながったともいえ、その意味では明治憲法は欠陥憲法であったというしかない。ただし、当時の大目的は治外法権を撤廃するための下地づくりであったのだから、この件で伊藤を責めるのは少々酷《こく》というものだろう。

◉当時、日本人の感覚に非常にマッチしていた教育勅語

こうしてできた憲法は、西洋から見てなんらおかしなところのない憲法であり、日本人がつくったにしても、日本人の日常の生活感覚にはあまり関係ないという感じが強かったと思う。だからそれを補い、日本人の体質との間のすきま風をなくすために、憲法発布の翌年の明治二十三年（一八九〇）に明治天皇の名で発布されたのが「教育勅語《ちょくご》」であった。

教育勅語は非常に日本人の感覚に合うものであった。戦前の義務教育ではほとんど明治憲法のことは教えなかったが、その代わりに子供たちに徹底的に教育勅語を暗記させた。そういう理由もあるが、教育勅語は日本の隅々にまで、誰からも反対されることなく定着した。

教育勅語がまず説くのは日本人の伝統的価値観である。つまり、万世一系の皇室の尊さを述べ、それから「親を大事にせよ」「友人や配偶者と仲良くせよ」「身を謹《つつし》んで学業に励《はげ》め」「人格を修養せよ」といったことを述べる。そのあとに勅語は「一旦《いったん》緩急《かんきゅう》アレハ義勇公《こう》ニ奉ジ以《もっ》テ天壌無窮《てんじょうむきゅう》ノ皇運《こううん》ヲ扶翼《ふよく》スベシ」という。これを読むとやはり勅語は軍国主義的であると思うかもしれないが、当時、勅語をつくった人たちの感覚としては、「徳川家の幕府や大名という主家に対して忠誠を尽くしていた時代は終わった。これからは国家に忠誠を尽くせ」といいたかったのである。国の象徴が天皇であるのだから（これは現行憲法も同じ）、「皇運ヲ扶翼」することは「国の繁栄に貢献」するというのと同じ意味である。ただ、表現が伝統的で古風であったというだけである。

このような内容のものだったから、誰もが感覚的に「ごもっとも」と納得できたのである。その点で、教育勅語は鎌倉幕府の執権北条泰時《やすとき》の定めた御成敗式目《ごせいばいしきもく》（貞永《じょうえい》式目）の系統につらなるものだといえるだろう。

教育勅語は先の大戦で日本が負けてからもその廃止を求める声は出なかった。というのは、アメリカ人から見ても、その内容におかしな点は一つもなかったからである。事実、教育勅語ができたときは、日本政府がキリスト教とは違う新たな宗教的な教義をつくるのではないかという疑念が外国から出るのを恐れて、勅語を英訳、仏訳、独訳、ロシア訳、漢訳にして世界中に配っている。それでもどこからも反論がなく、むしろ評判がよかったのである。

では、戦後なぜ教育勅語が廃止されたかといえば、戦後の日本の進歩的文化人の中に、教育勅語を残しておくと軍国主義に戻る恐れがあると占領軍に告げ口をした者がいたためである。日本人がそういうのならば、ということで、占領軍が勅語の廃止をにおわせ（命じられたわけではない）、日本の衆参両院が廃止・失効を可決したのである。

しかし、教育勅語を廃止した影響は極めて大きいといわざるを得ない。それによって日常道徳の拠《よ》り所となるものが否定されてしまった。極論すれば、現在の日本の風紀の乱れ、親殺し、子殺しの原因に教育勅語の廃止があると言っても過言ではないのである。

◉なぜ日本は、朝鮮の清国からの独立をしきりに求めたのか？

現代に生きるわれわれは日本が独立国であることになんの疑いも持っていない。しかし、幕末から明治にかけての日本人は、「このままでは日本は西洋人の植民地になるかもしれない」という深刻な不安を抱えていた。当時、有色人種の独立国は実質上、日本とトルコしかなかった。シャム（タイ）は独立国であったけれど、いつ植民地にされてもおかしくないようなところでかろうじて独立を保っている様子だった。

福沢諭吉は何度も欧米に旅行し、日本人に「脱亜入欧《だつあにゆうおう》」を説いた。これは単純な欧米崇拝ではない。「なんとしても近代化せねば、われわれは白人の奴隷になってしまう」という焦燥《しょうそう》感から出たものである。福沢はそれを「下からの近代化」によって行おうとした。だからこそ彼は慶應義塾《けいおうぎじゆく》をつくり、塾生たちに「官僚にならず、民間人として新知識を活用せよ」と説いたのである。

一方、同様の危機感を抱いていた明治政府は「上からの近代化」をめざした。その流れの一つとして、日本以外にもアジアに独立国があることが望ましいと考えた。日本一か国ではとても白人の力に対抗できない。仲間が欲しい。だから朝鮮の清国からの独立をしきりに求めたのである。これは日本の切実な願いであった。

ところが、清国はそれを許そうとしない。「朝鮮は二百年来、清国の属国であり、日本ごときが今さら口を出す筋合いのものではない」というわけである。その結果として勃発したのが、明治二十七年から二十八年（一八九四～九五）にかけて行われた日清戦争である。

それまでに清国は、例えば海軍では定遠《じょうえん》とか鎮遠《ちんえん》という大きな軍船を買って日本を脅《おど》しにかかっていた。長崎に立ち寄ったときは、乗組員が長崎に上陸して乱暴を働いて死者が出たこともあった。それから東京湾に来たときは、大きな軍艦を持っていることを見せつけて、日本人の度肝《どぎも》を抜いた。

ところが、日本人が偉いのは、その驚きにすぐ対応するところにある。清国の軍艦は相手の船に巨体をぶつけて損傷を与えるタイプのものだった。それを理解した日本は、そんな戦法はすでに時代遅れであると見抜き、それより小型でもいいから速度が速くて速射砲をボンボン撃てるような船がいいと考えて、そういう形式の船を次々に配備していくのである。

また、陸軍のほうは普仏《ふふつ》戦争で勝ったドイツの真似をしようと考えて、ドイツ参謀《さんぼう》本部の指導を仰ぎ、師団《しだん》をつくるのである。師団というのは、元来ナポレオンのときに生まれたもので、一つの軍隊の中に一種の自己完結性のある団体をつくるという発想である。日本はそうした師団をいくつか組織した。

ところが、清国は昔と同じ感覚で戦争をはじめたから、その差は歴然であった。まず黄海《こうかい》の海戦では五隻《せき》の巡洋《じゅんよう》艦が日本軍に沈められ、その他の艦船も損傷を受けて威海《いかい》衛《えい》に逃げ帰った。逆に日本側は一隻も沈没することはなかった。陸軍の戦いも同じく、近代的な訓練を受けた日本の兵隊と、寄せ集めのような清国の軍隊とでは勝負にならなかった。だから、あっという間に終わってしまったのである。

ちなみに、黄海の海戦では、負けて自殺した丁汝昌《ていじょしょう》という清国の海軍提督《ていとく》の死体が威海衛からジャンクで運ばれると聞いたとき、伊東祐亨《いとうすけゆき》連合艦隊司令長官は、それは武士道に反するとして日本の軍艦に乗せて立派に送り返したという美談が残っている。

日清戦争で日本が勝ったことにより、朝鮮半島は「大韓帝国《だいかんていこく》」という独立国となった。朝鮮民族が「帝国」という言葉を使い、国王が皇帝と称したのは、このときが最初にして最後である。国王と皇帝は呼び方が違うだけではないかと思われるかもしれないが、国王が皇帝と呼ばれるようになったということは、韓国のシナ大陸の王朝からの独立を実に象徴的に表現しているのである。

◉日清戦争講和後、南下してくる最大の敵・ロシアの脅威

日清戦争の講和交渉の結果、日本は清国から賠償金と台湾、澎湖《ほうこ》諸島および遼東《りょうとう》半島（関東州）の割譲を受けることになった。これがそのままおさまっていれば日本にと

ってはこのうえない好条件となったのだが、そうはいかなかった。

台湾と澎湖諸島は清国にとって実効的な支配の及ばない土地だったから問題はなかった。遼東半島も万里《ばんり》の長城《ちょうじょう》の外にあり、清国にとって比較的重要度の低い土地だった。一方、日本にとっては関東州は南満洲《まんしゅう》に入り込んでおり、それだけの地域を割譲してもらえれば、その後の日本の移民問題も起こらず、日露戦争のもとになる旅順《りょじゅん》、大連《だいれん》がロシアの手に渡ることもなかったわけだから、日露戦争そのものが起こらなかった可能性も大きかった。また、朝鮮を併合する必要もなかったといってよい。

ところが、日本が講和条約を結ぶとすぐに三国干渉《かんしょう》が起こった。ロシアが音頭《おんど》をとって、ドイツとフランスとともに、遼東半島を日本が取るのは東洋の平和を脅《おびや》かすものであると文句をつけ、明治二十八年（一八九五）四月二十三日、日本に対して「遼東半島を清に返還せよ」と要求してきたのである。

日本人は非常に怒ったが、この三か国を相手に一戦を交えたところで勝ち目はない。それで明治天皇が「遼東還付の勅語」を発布されたため、みんな我慢《がまん》をしたのである。

しかし、その後、日本が返した遼東半島南端の旅順と大連をロシアが租借《そしゃく》し、山東半島の青島《チンタオ》をドイツが租借し、威海衛と九龍《きゅうりゅう》半島をイギリスが租借し、広州湾はフランスが租借することになった。これは日本にとって納得のいく話ではない。とりわけロシアが遼東半島に進出してくるのは絶対に困る。ロシアは幕末の頃から日本の最大の敵であった。幕末にすでに対馬《つしま》に上陸されたことがあり、日本はイギリスに頼んでこれを追い払ってもらったことがあったほどである。

日本から見れば、ドイツにしろ、フランスにしろ、イギリスにしろ、あるいはアメリカにしろ、海を越えて来なければならないから、そんなに大きな脅威ではなかったが、ロシアは朝鮮半島まで陸続きであったから、その恐怖はよその国と比べものにならない。

そのロシアが遼東半島を租借して旅順を軍港にする。それだけならまだしも、現在の北朝鮮あたりまで手を伸ばしてきた。日本は必死になって、満洲を自由にするのは仕方ないとしても、朝鮮半島には出てきてもらっては困るという趣旨の交渉をはじめた。ところが、ロシアは全く聞く耳を持たない。鴨緑江《おうりよくこう》河口にある龍岩浦《りゆうがんぽ》という漁村を手に入れ、これを軍港に変える。それから北朝鮮の鉱山採掘権や森林伐採権なども取る。そしてついに、日本と目と鼻の先にある鎮海《ちんかい》湾のあたりに軍港を借りたいと朝鮮政府に要求するのである。

鎮海湾を押さえられたとしたら、全朝鮮がロシア軍に制されることになる。これは日本にとって致命的である。このロシアの重圧については、昭和二十五年（一九五〇）に朝鮮戦争がはじまったとき、アメリカのマッカーサー元帥《げんすい》も認めざるを得なかった。アメリカ軍は朝鮮半島を防衛するため、ソ連の支持を得た北朝鮮軍と死闘を繰り広げることになるのである。

ロシアは朝鮮政府に圧力をかけた。朝鮮は事大《じだい》主義の国であったから、三国干渉で日本があっさりドイツ、ロシア、フランスの圧力に屈して遼東半島を返すのを見て、やはり白人国にはかなわないのだろうと判断した。そして、一気にロシア寄りになるのである。さすがに鎮海湾に港を貸すことには反対したが、それもいつひっくり返るかわからない。

これをもって日本はロシアとの外交交渉を続行するのをあきらめ、シベリア鉄道完成の前というぎりぎりのタイミングで戦争に突入するのである。

◉当時の超一流国・イギリスと、なぜ日本は同盟を結ぶことができたか？

その前に日本にとっては幸いな出来事があった。日露戦争が勃発する二年前の明治三十五年（一九〇二）に日英同盟が締結されたのである。日英同盟はイギリスの国益を守るためにできたようなものだが、それは日本の国益とも一致したのである。このイギリスの国益とは何か。それはイギリスがシナ大陸に持つ自分たちの利権を指している。では、なぜそのために日英同盟が必要だったのか。

　実は日英同盟を結ぶ直前まで、イギリスは南アフリカでボーア人というオランダ系移民の子孫を相手に戦争をしていた（ボーア戦争）。この戦争は一八九九年から一九〇二年まで四年も続いた。このアフリカの南端で戦っていた陸軍が、いざというときにシナ大陸まで地球を半分回ってやってきてロシア軍を抑えることは到底不可能な話だった。しかし、ロシアは今まさに南下をはじめている。これを抑えなければ、シナに持っているイギリスの莫大な権限を守るすべがない。そこでイギリスは日本と手を組むことにした。

　これが日英同盟締結の真相である。日本にしてみれば、イギリスは普通の国とは軍事同盟を結ばないという世界の超一流国である。そのイギリスと軍事同盟を結ぶというのはたいへんなプラスなので、非常に喜んだのである。

　では、イギリスがなぜ日本を選んだのかというと、それは明治三十三年（一九〇〇）に起きた北清事変《ほくしんじへん》がきっかけとなった。これは北京にいる列強八か国の公使館のある区域が、「扶清滅洋《ふしんめつよう》」（清を扶《たす》け、西洋を滅ぼす）を掲げる義和団《ぎわだん》という宗教団体の反乱（拳匪《けんぴ》の乱）によって包囲され、それを後押しする清国が列強に対して宣戦布告をした事件である。

このとき、欧米列強は日本が救援軍を派遣することを望んだが、日本政府は三国干渉の経験から国際社会の反応を恐れて動こうとしなかった。日本軍が動けば、日本を敵視している国は必ず「義和団の乱を口実にして日本は清を侵略した」と言い出すに違いない。そこで日本政府は他国からの正式な要請がなければ動かないことにしたのである。白人中心の世界に日本が受け入れられるためには、欧米協調を旨として、節度ある行動をとる必要があると考えたのである。最終的にはイギリス政府が欧州各国の意見を代表する形で日本に正式な出兵要請をし、それを受けて日本は出兵を承諾したのだった。

その救援軍が到着するまで、北京の公使館区域を守るときにいちばんの活躍をしたのも日本人であった。当時、北京にある公使館員を中心に北京防衛軍が組織されたが、その中で最も勇敢にして功績があったのは、柴五郎《しばごろう》中佐という公使館付き武官の指揮のもと戦ったわずかな人数の日本人兵であった。

その北京防衛軍の司令官となったのはマクドナルドというイギリス公使であったが、この人は軍人でもあったため、柴中佐を中心とする日本軍の優秀さをいち早く認めた。指揮が優秀であること、兵隊が実にきびきびとして統制がとれており、いつもにこやかであることなど、非常に感銘を受けたらしい。

それからまた、助けに来た日本の第五師団の規律正しさも欧米諸国に感銘を与えた。

第五師団は猛暑の中、悪戦苦闘しながら戦い、北京を占領する。占領後は、各国の軍隊が占領地域を分割して治安維持をはかったが、占領地域において一切略奪行為を行わなかったのは日本だけであった。これを見て、当時の北京市民は日本の旗を掲げたという話があるくらいである。

そういう様子を見ていたマクドナルドは、「日本は信頼できる」と本国の外務省に伝えたに違いない。彼は北京のあと東京に公使として赴任し、日露戦争後には初代の日本大使になっている。このマクドナルドがロンドンで日本の林董《はやしただす》公使に最初に日英同盟の提案をし、伊藤博文ですら信じなかった日英同盟が成立するのである。

この日英同盟は、大正十年（一九二一）十二月まで、およそ二十年間にわたって存続した後、同年のワシントン会議の結果、解消されることになった。これは当時、日本を第一の仮想敵国と見なし、対日戦略構想を立案していたアメリカの介入によるものだった。

日英同盟の代わりに結ばれた日・英・米・仏の四国協定は何の意味もない、何の役にも立たないものであった。これ以後、日米関係は悪化し、日本は対米戦争の道に入り込んでいくことになるのである。

◉世界の軍事史に強大なる影響を及ぼした日露戦争

日本がロシアと戦う決意をしたのは、日英同盟の成立による。ロシアは北清事変を口実に満洲に兵を進め、いっこうに撤兵する様子がなかった。このままでは朝鮮はいずれ完全にロシアの支配下に入ってしまう。そうなれば日本は窮地に陥ることになる。ならば、相手は強敵だが乾坤一擲《けんこんいってき》の大勝負に出るしかないと考えたわけである。

こうして明治三十七年から三十八年（一九〇四～〇五）にかけて起こった日露戦争は、世界中の人の度肝《どぎも》を抜くような大事件となった。日露戦争の意義については、どんなに高く評価しても評価しきれないほどの大きな意味がある。

というのは、世界史的に見ると、コロンブスが一四九二年にアメリカ大陸を発見して以来、白人は続々と世界に出ていって、有色人種の国を植民地にしたり、不平等条約を結んだりして、気がついたら世界地図に独立国として残っているのは、トルコ、風前の灯のシャム（タイ）、それから日本しかなくなっていた。

そして当時の情勢から見れば、白人たちがさらに清国を分割することが確実であった。清はアヘン戦争、アロー戦争でイギリスにこてんぱんにやられたうえに、北清事変で完全に腰が抜けてしまっている。ロシアはどんどん南下してきて、すでに満洲はロシア領になっており、さらに黄河《こうが》以北か揚子江《ようすこう》以北まで取る可能性があった。それからイギリスは、香港、九龍半島に加え、揚子江沿岸も取る気があっただろう。フランスはすでにインドシナ（ラオス、カンボジア、ベトナム）を領有し、広州湾《こうしゅうわん》を取り、ドイツは青島から膠州湾《こうしゅうわん》、さらに山東《さんとう》省の権益を取り、なんでもされ放題のありさまになっていた。

インドもセポイの反乱で全く反抗精神をなくし、ビルマ（現ミャンマー）も領土を取られており、マレーも話にならない。インドネシアはオランダ領になっている。アフリカはもちろん問題外であるというわけで、見渡したところ、地球の有色民族の中で白人の勢力に抵抗できそうな国は日本しか残っていなかった。

その日本がロシアと戦ったのである。ロシアにはナポレオン戦争でナポレオンを裸にして追い返した陸軍があり、イギリスに次ぐ大艦隊を持つ海軍があった。ロシア海軍は当時、バルチック艦隊、黒海艦隊、太平洋艦隊と三つの艦隊を持ち、アジアでは旅順およびウラジオストクに港を構えていた。

このような大ロシアと戦って、誰も日本が勝てるとは思わなかったであろう。ところが、ご存じのように、日本は陸上戦で百戦百勝。海上では、黄海の海戦、蔚山《うるさん》沖の海戦、それから日本海大海戦でロシア艦隊を撃滅した。この戦争の結果は、世界の軍事史にも巨大なる影響を及ぼしたのである。

というのは、ナポレオン戦争のときに最も恐れられたのはコサック騎兵隊であった。コサックに比べれば日本の騎兵隊はとるに足らなかった。江戸時代、日本では馬に乗った戦争がなかったため、馬は全く改良されておらず、明治初年に日本に来た外国人たちは、日本の小さな馬を見て進化論の証明になったと喜んだというぐらいのものであった。そのため日本は、戦争に備えて馬を輸入して育成していたのである。その日本が完全にコサック騎兵を押しとどめて、しかも陸上で白人に勝ちまくったのだから驚きである。

これには秋山好古《あきやまよしふる》という天才が大きな役割を果たした。絶対に勝ち目のない日本の騎兵がなぜ勝ち得たか。これは日本軍が騎兵を歩兵として使うことを覚えたからなのだが、簡単にいえば、秋山好古は騎兵に機関銃を持たせたのである。機関銃を持った騎兵にとって、コサックは恐れるに足らなかった。いざとなれば馬からおりて機関銃で応戦し、向かってくるコサックをなぎ倒したのである。

そしてまた、騎兵の強みである機動性を使って満洲の大草原を駆けめぐり、敵の背後に回ってシベリア鉄道を脅かした。シベリア鉄道が破壊されることはロシアにとって補給線を絶たれることで、死活問題である。大軍であればあるほど、補給線の確保は重大な問題で、ロシアは非常に神経質になった。このようにして、秋山の「コロンブスの卵」のような発想で、騎兵隊は世界最強のコサックを打ち破ったのである。

それから、日本海海戦ではなんといっても連合艦隊司令長官、東郷平八郎の沈着大胆な指揮が光った。それと同時に、陸軍の機関銃と同様、海軍にも新兵器があった。それは下瀬《しもせ》火薬という四千度もの高熱を出す新しい火薬の発明である。これが当たると、当たったところから燃えだして、船の塗装まで燃えたという。当時の軍艦の大砲は甲板の上にあったため、甲板が火事になると戦闘能力を失ってしまったのである。また伊集《いじゅう》院五郎《いんごろう》海軍大佐が考案した伊集院信管《しんかん》という非常に鋭敏で爆発力の高い信管なども実用化されていた。これらは当時、イギリスの百科事典に出ているくらい注目を引いた新兵器であった。

また木村駿吉《しゅんきち》が開発した無線電信機器によって「敵艦見ユ」の報がいち早く日本の連合艦隊に届いたことは、日本側に決定的な優位を与えた。

こうしたことを考えると、明治維新以後、急速に発展した日本の科学力が精強なバルチック艦隊を葬《ほうむ》ったといっても過言ではないだろう。秋山好古による陸軍での機関銃の導入も含め、日本の軍事力は当時の世界的水準を超えていたのである。だからこそ、ヨーロッパ最強の軍隊に勝てたのである。

実際、日露戦争の約十年後の一九一四年にはじまる第一次大戦になると、騎兵の影が薄くなり、陸上では戦車の時代になる。これは日本が騎兵に機関銃を使ったことが研究されて、もう騎兵では役に立たないとよくわかったからである。一方、海上では軍艦の造り方が変わった。つまり、大砲を甲板に置かずに塔に入れる砲塔制になる。これも日露海戦の下瀬火薬の出現によって、甲板が燃えても戦闘能力が落ちないように工夫されたものであった。後進国の日本が嘉永六年（一八五三）の黒船来航からわずか六十一年という短い間で、世界中の陸上、海上の戦闘形態を変えてしまったのである。まさに世界の軍事史に残る出来事であった。

そして、日露戦争は単に日本が大国ロシアに勝ったというだけの戦争ではなかった。この戦争の結果は、さらに重大な影響を世界中に及ぼしたのである。それは、有色人種の国家が最強の白人国家を倒したという事実であった。これは世界史の大きな流れから見れば、コロンブスのアメリカ大陸発見以来の歴史的大事件といってもいい。世界中が目を疑うような奇跡的な出来事であったのである。

◉日本の韓国併合が世界の植民地政策と徹底的に違うところとは？

日露戦争から五年後の明治四十三年（一九一〇）八月二十二日、日本は大韓帝国を「韓国併合ニ関スル条約」に基づいて併合した。これにより、韓国皇帝は大韓帝国の統治権を日本の天皇に譲与することになった。これが「日韓併合」（韓国併合）である。

しかし、この韓国併合は日本が決して積極的に進めたものではなかった。むしろ予想外の展開といえるような出来事であった。これには前段階がある。

日本は日露戦争直後の明治三十八年（一九〇五）十一月、大韓帝国と第二次日韓協約を締結した。これによって韓国が日本の保護国になることが決まった。そして韓国統監《とうかん》府《ふ》を置き、伊藤博文が初代統監として就任することになった。

日本にとって韓国の併合は重い負担を背負い込むことになるため、伊藤博文は韓国を併合することに反対していた。もしも韓国を併合して日本が朝鮮半島を防備するとなれば、その負担はたいへんなものになる。これに加えて特に産業らしい産業もない朝鮮半島に工業を興し、インフラを整備するとなれば、これはおおごとである。日露戦争に勝ったとはいえ、日本はヨーロッパ列強のような植民地経営をする状況になかった。伊藤にはそれがよくわかっていたのである。

ただ、いつまでも韓国の外交がぐらぐらしたままでは日本の国益が損なわれることになる。実際、日清戦争にしても日露戦争にしても朝鮮問題がその主因となっている。そこで韓国が近代化して富強になるまでの当分の間、外交権だけ預かればよいのではないか、という方針が出され、韓国を日本の保護国にすることになった。韓国もそれを承諾し、日韓協約が結ばれたのである。

ところが韓国は、協約に基づいて日本が外交権を預かっているにもかかわらず、一九〇七年（明治四十）にオランダのハーグで開かれていた平和国際会議に密使を送り、自国の外交権回復を訴えた。しかし、これは出席していた各国から総スカンを食って、韓国は会議への参加を拒絶されている。

さらに、明治四十二年（一九〇九）十月二十六日に、伊藤博文がハルビン駅で韓国人テロリストの安重根《あんじゅうこん》によって暗殺されるという事件が起こった。これによって、日本国内の世論は一気に韓国併合へと傾き、翌年、正式に併合することになるのである。

これに対して国際社会の反応はどうだったかというと、各国とも朝鮮半島が不安定な状態にあるのは利益に反するという意見で一致しており、イギリスもアメリカも、むしろ積極的に日本の韓国合併を勧めていた。ただアメリカは、韓国併合を認める見返りにアメリカのフィリピン支配を完全に認めることを求めた。一方、イギリスは、同盟国の日本が強いほうがシナ大陸の利権を守りやすいということで韓国併合に賛成していた。

しかし、アメリカ、イギリスから勧められたとからといって、日本はすぐに飛びついたわけではない。ロシアや清国も含めた各国の意見を十分聞いて、一か国も反対することのないことを確認したうえで併合を決めたのである。

当時出版された、ポピュラーではあるが権威もあるブリタニカの十一版を見ると、韓国併合について「植民地化（colonization）」という言葉は使っていない。「annexation」といっている。annexationとは、例えばイギリスだと、イングランドとスコットランドの土地関係の問題に使う言葉である。colonizationが劣った国から収奪するという意味になるのに対し、annexationはくっつき合って同等の国になろうとすることを意味する。イングランドとスコットランドの関係は、イングランドがスコットランドを植民地化したとはいえない。日本と韓国の関係はそれと同じだと見なしていたのである。

事実、日本は非常に短期間で韓国に大幅に施政権を移している。日本の県会議員に相当する議員は非常に早い段階でほとんど全員韓国人になっているし、県知事に相当するような人も出てきている。

その頃、韓国のほうにも併合運動を進める動きがあった。当時の韓国で最大の政党が合併論に賛成していたのである。その理由として当時よく使われたのは、「日韓同祖《どうそ》論」という考え方であった。日本も韓国も先祖は同じだ、というわけである。これは部分的には正しいと思う。少なくとも百済《くだら》と古代の日本は同祖論といってもいい関係にあったはずである。

そのようなことで日韓両国は合併したわけだが、韓国がほかの世界の植民地と徹底的に違うところは、日本がたいへんな金を持ち出して韓国を日本と同じレベルまで引き上げようと努力している点である。小中学校をつくって義務教育を施し、大学をつくり、専門学校をつくり、それまでほとんど知られておらず、したがって使う人のいなかったハングルまで教えている。

また、韓国の王家は末代まで王のままで、皇太子は皇太子のままで変わらなかったし、韓国の正式な両班《リャンバン》、すなわち伝統的な貴族はそのまま日本の華族になった。こうしたことは、ヨーロッパの植民地では決して起こり得なかった。インドやビルマの貴族がイギリスの貴族になることはあり得ないし、インドネシアの集落の長がオランダの貴族になるなんて考えられない話である。だから、韓国併合を日本による韓国の植民地化と考えるのは明らかな間違いである。

韓国併合は日本の敗戦とともに終わり、その期間は三十数年にすぎない。その間に人口も物産も飛躍的に増大した。わずか三十数年だから溶け合わない部分もあっただろう。しかし、もしそれが五十年だったら、あるいは百年だったら、両国の差はイングランドとスコットランドの関係のようになっていたかもしれない。日本のめざしたのはそういう両国の関係であった。それが当時の世界情勢の中で両国の国益にかなう残された唯一の道であると信じていたのである。

コラム◆新時代の生き方「自助」を教えた中村敬宇

吉野作造《よしのさくぞう》は、明治維新のときに日本の知の世界を開いたのが福沢諭吉であり、徳の世界を開いたのは中村敬宇《けいう》（正直《まさなお》）であるといっている。福沢諭吉は開明的で、『学問のすゝめ』を書き、慶應義塾をつくり、実業界に多くの人間を送り込んだ。一方、中村敬宇は、サミュエル・スマイルズの『セルフ・ヘルプ（自助論）』を訳して『西国立志篇《さいごくりっしへん》』という邦題で出版し、明治の日本人の生き方に大きな影響を与えた。

幕末まで日本人が道徳の基準としていたのは、シナの四書五経《ししょごきょう》であった。しかし、その本場であるシナがアヘン戦争に負けてイギリスの植民地のようにされたとき、日本の知識人たちの間に果たして四書五経を学ぶ意味があるのかという疑念が生じた。まさにそうした時期に出版され、新時代の生き方を教えたのが『西国立志篇』であった。

この本には「自助」という明確な目標が示されていた。江戸時代までの人々は殿様からもらう石高にぶら下がって先祖代々食いつないできたが、これからは自分で立たなければならないというメッセージは、維新の人々に新鮮かつ強烈なものとして響いたに違いない。

「立身出世」という言葉があるが、『西国立志篇』は「出世」より、むしろ「立身」を中心としている。その意味では、福沢諭吉の独立の精神と通底する。福沢諭吉の思想は、特に実業界で実務に使うような知識人をつくることに役立ったが、中村敬宇のそれは明らかに一つの精神運動であった。

中村敬宇は『セルフ・ヘルプ』のほか、『Character（品性論）』『Duty（義務論）』『Thrift（倹約論）』を翻訳しているが、当時はこの四冊が四書五経の代わりになるといわれたほどであった。福沢諭吉ほど知名度は高くないが、江戸川聖人《せいじん》と呼ばれた中村敬宇もまた、明治人をつくるために思想的に大きな影響を与えた人物であった。

◉日露戦争後、アメリカにとって日本は、やがて滅ぼすべき国となった

その後の歴史を見ると、日露戦争の勝利は、世界に大きく三つの変化をもたらした。

第一は、当時迫害されていた世界の有色民族のリーダーたちに独立の希望を初めて与えたこと。これは第二次大戦を経て続々と独立を達成した国々のリーダーたちの言葉によって証明されている。

第二は、日本が世界的に大国として認知されたこと。ロシアに勝利したことで、日本は押しも押されもせぬ強国になったといってよいだろう。

第三は、アメリカが日本を敵視するようになったこと。日露戦争は日米戦争へと向かうきっかけとなったのである。

なぜアメリカが日本を敵視するようになったかといえば、アメリカは世界史をよく知っていたからである。世界の歴史では、小さな陸軍あるいは弱小な陸軍が奇襲攻撃を用いたりして大きな陸軍に勝ったことはしばしばあった。それは珍しいことでもないし、世界の大勢に影響を与えることもあまりない。ところが、海上の戦いは文明の戦いであり、その勝敗が後の文明のあり方を決するのである。

古くは紀元前四八〇年に行われたサラミスの戦いである。このときペルシャの海軍がアテネの海軍に滅ぼされ、ペルシャは地中海に出てこなくなった。その後、イスラムが

地中海に力を持つ中世の時代になるが、一五七一年のレパントの戦いでトルコ海軍がベニスやスペインの連合艦隊に大敗して、地中海はキリスト教の支配する海になる。それから、植民地争奪戦の時代、一五八八年にイスパニアは無敵艦隊を失い、植民地競争からずり落ちる。一八〇五年のトラファルガーの戦いでネルソンに負けたナポレオン、すなわちフランスは、植民地競争でイギリスに追い落とされてしまう。そしてアメリカの独立を妨げようとしたイギリスは、アメリカ海軍を滅ぼすことができなかったために、ついに独立を認めざるを得なかった。その後、アメリカは独立してスペインと戦い、スペイン海軍を打ち破ってカリフォルニアを含む南部のいくつかの州とフィリピンを手に入れる。

すべて海軍の戦いの勝敗で時代が大きく動いている。それだけに、日本海海戦で日本の連合艦隊がロシア艦隊を撃破したとのニュースはアメリカに衝撃を与えた。それまでは無視してもいいような小国で、むしろ同情さえしていた日本海軍がロシアの戦艦を何隻《せき》も沈め、自分のほうの軍艦は一隻も沈んでいない。この結果にアメリカは恐怖を覚えたに違いない。文明の変化が起こると感じたはずである。

また、日本の勝利はアメリカ建国の基盤が緩《ゆる》むということも意味していた。アメリカにとって建国の基盤とは人種差別である。もし本当にアメリカに人種差別の意識がなかったとしたら、インディアン（ネイティブ・アメリカン）から土地を取り上げることはできなかったはずである。また、黒人を奴隷にして農業を発達させることもできないし、ヒスパニックを酷使して仕事をさせることもできなかっただろう。ゆえにアメリカの建国の基盤には疑いなく人種差別があった。

ところが、アジアの片隅の有色人種が白人最大の帝国を海上の戦いで破った。それを聞いたアメリカのいちばん奥の院にいて政治的な知識のある人々の間に、日本は滅ぼさなければならない国になったという合意ができたと思うのである。

それから日米間の亀裂は少しずつ広がっていくことになる。まず明治三十八年（一九〇五）、アメリカ大統領セオドア・ルーズベルトの斡旋でロシアとの間にポーツマス条約を締結した直後、アメリカの鉄道王エドワード・ヘンリー・ハリマンが来日し、南満《まん》洲《しゅう》鉄道の共同経営を申し入れてきた。このとき、維新の元勲《げんくん》である伊藤博文や井上馨《かおる》、あるいは渋沢栄一《しぶさわえいいち》などは、この話に乗り気だった。そういう人々の意見を聞いた桂太郎《かつらたろう》首相も、その線で行きましょうと、奉天《ほうてん》以南の東清鉄道の日米共同経営を規定した桂・ハリマンの仮協定を交した。

ハリマンは喜んで船に乗って帰っていった。ところが、サンフランシスコに着いたら、「あの話はなかったことにしてくれ」という思いもよらぬ電報を受け取る。ハリマンが船で太平洋を進んでいる間に、ポーツマス条約を締結して帰国した小村寿太郎《こむらじゅたろう》が政府の意見をひっくり返してしまったのである。日本が血を流して勝ち取った南満洲鉄道の権利なのにアメリカと共同経営するとはなんたることか、と。

ハリマンは怒った。これは当然であろう。そしてアメリカの財閥と政界は一致しているから、政界も怒ったのだろう。その後間もなくして、カリフォルニア州において日本人の差別運動が起こった。これは学童差別からはじまって、だんだんエスカレートしていった。

また、ポーツマス条約のときは、日本にどちらかといえば好意的であるように見えたセオドア・ルーズベルトも、日本をいい気にさせないようにということか、ホワイト・フリートといわれる大艦隊を日本に送り込んだ。しかしこのとき、日本はアメリカの真意がわからず、かの艦隊を大歓迎しているのである。

◉石炭から石油へ、エネルギー問題に敏感だった海軍と鈍感だった陸軍

日露戦争が終結して十年もたたないうちにヨーロッパで第一次世界大戦が起こる。そして、このわずか十年ほどの間に、とてつもなく大きな変化が生じた。それはエネルギーが石炭から石油に変わったということである。

白人世界、つまり西ヨーロッパが世界を支配するようになったのは産業革命以後のことといっていいだろう。産業革命とは、簡単にいえば石炭の新しい使い方をイギリスが発見し、それを自然科学と結びつけた結果として生じたものといっていい。

日本の明治維新にも、石炭の問題が大きくかかわっている。江戸幕府の中頃までは、外国船が日本にやって来るのを止めるのは簡単であった。「来るな」といえばよかったのである。ところが幕末に黒船が来たときは止めることができなかった。なぜならば黒船は石炭で動く全く新しい船で、幕府の警告など軽く聞き流すほどの圧倒的な力を持っていたからである。

明治維新にはいろいろな改革があったが、経済・工業の面においては石炭の使い方をマスターしたということが大きな変化であった。幸いにも当時の日本には石炭が豊富にあったため、軍艦用に無煙炭を少し買うことはあったが、むしろ石炭については輸出国であった。それが三井財閥などのできた一つの理由にもなった。日露戦争は日本海海戦で終わったが、敵も味方も軍艦を動かすエネルギーは石炭であった。つまり、日清・日露戦争に勝利した頃までは、日本はエネルギー問題を気にすることなく戦っていたと思われるのである。

ところが、それからわずか数年で風向きはがらりと変わった。重油で動く軍艦が建造され、陸軍の華といわれていた騎兵に代わって戦車が登場した。また全く新しい兵器として飛行機が現われた。これらの新しい軍艦、戦車、飛行機等はすべて石油によって動くのである。第一次大戦には日本の陸海軍から観戦武官として優秀な将校が出かけているが、彼らは戦い方の変化に愕然《がくぜん》とする。

それについて書き残したものは数少ないのだが、その一つとして日本海海戦のときの参謀であった秋山真之《さねゆき》の講演の記録が残っている。そこで秋山真之は二つの重要なポイントを指摘しているのである。

第一に、日露戦争までは人間が主として戦争をしていたが、第一次大戦を見ると七割は機械が戦争をしている。そしてその七割の機械を動かすのはすべて石油である。

第二に、フランスなどを訪ねてみると、男はみんな戦場に行って、鉄砲や砲弾をつくっているのは女性である。それにもかかわらず、男の職人がつくっていたものと比べても質が劣っていない。それほどまでに西洋では工場組織が進んでいる。

翻《ひるがえ》ってみると、日本には石油もなければ進んだ工場組織もない。これは日本がもはや戦争のできない国になってしまったことを意味しているのである、というような趣旨の話を秋山は縷々《るる》述べている。

日露戦争以来、日本には帝国不敗という神話が成立していた。そういう時期に、「日本はもはや先進国とは戦争ができない」ということは勇気のいることだったと思うが、秋山はそれを講演ではっきり指摘しているのである。

第一次大戦直後、西欧世界では軍縮が盛んにいわれるようになった。日本も軍縮には賛成をし、一九二一年（大正十）にワシントンで開かれた第一次の軍縮会議には加藤友《とも》三郎《さぶろう》や幣原《しではら》喜《き》重郎《じゅうろう》といった人たちを代表として派遣している。この会議の結果、造りかけの軍艦を沈め、保有艦の数も減らすことになったが、とくに世論の反対もなくスムーズに行われた。

しかし、この会議の翌年に重大な世界史的事件が起こった。第一次大戦中の一九一七年（大正六）に始まったロシア革命の結果、ロシアがソヴィエト社会主義共和国連邦という独立国になったのである。これは全世界に大変な衝撃を与えた。下層階級が国家をつくるという、それまでとは全く概念の違う国が出現したからである。

このソ連の誕生によってワシントン会議後の十年間で世界の雰囲気は一変した。ソ連に対して軍備を調える必要が唱えられ、いつの間にか、どこの国も次の戦いに備えるという方向に進んでいくのである。

しかし、その一方で軍縮はさらに進み、一九三〇年（昭和五）にはロンドンで海軍軍縮会議が開かれた。このとき日本からは若槻《わかつき》礼次郎《れいじろう》、加藤友三郎内閣で海軍大臣を務めた財部彪《たからべたけし》などが代表として出席し、軍縮案に賛成している。

ところが、国内では軍縮に反対する勢力が台頭してくるのである。海軍の中に建艦派（艦隊派）といわれる一派が形成され、石油の問題を考慮する前に、とにかく艦船を造らなくてはならないと主張した。この建艦派が条約を重んじて軍縮しようとする条約派を押さえこんで力を持つようになり、世論もこれに同調した。石油がないのに船を造るというのはおかしな話だが、当時の人の頭には、まだ石油の問題が具体的なものとして浮かばなかったようである。

また、秋山真之が指摘した体制のほうも変化していった。秋山のいうように女性でも鉄砲がつくれるような工場組織をつくるためには、国全体の仕組みを変えて全体戦争に備えるような体制にしなければならないという考え方が起こってきたのである。後にも述べるが、陸軍では永田鉄山《ながたてつざん》をはじめとする統制派といわれる人たちが日本を国家社会主義の国に変えるための計画を水面下で着々と進めていた。

この永田は秀才として知られていたが、陸軍内で対立する皇道《こうどう》派の真崎甚三郎《まさきじんざぶろう》教育総監の更迭《こうてつ》を目論《もくろ》んだとされ、それに反発した相沢《あいざわ》三郎中佐によって暗殺されてしまう。ここに統制派と皇道派の対立は最高点に達し、ついに皇道派の青年将校たちが決起して、二・二六事件を引き起こすのである。

この二・二六事件以降、統制派の流れをくむ東條英機《とうじょうひでき》らの陸軍が政府を支配するようになっていく。陸軍は石油に対する関心が海軍ほど切実ではなく、むしろその関心は国の体制を変えるほうに向いていた。日独伊三国同盟の話も陸軍から出て、陸軍が支持したものである。

これに対して海軍は、「石油のない国と同盟してはいけない」と反対するが、「石油がないと戦争はできない」とはいえなかった。「毎年莫大《ばくだい》な予算をもらっているのに戦争できないとは何事か」と糾弾《きゅうだん》されてしまうからである。そのため、石油の有無は戦争にとって最重要問題であるとわかっていても、それがいえない状況にあった。そして結局、陸軍に押し切られる形で三国同盟が成立するのである。

対米開戦が話し合われたときも、海軍は戦争ができないことはわかっていた。しかし、そう主張する軍令部総長も海軍大臣もいなかった。彼らは「一、二年ならできる」とごまかしのようなことをいい、その結果、日本は対米戦争へ突入していくことになった。

このようにして日本は、石油の当てもないのに軍艦を造り、国全体としては国家社会主義に邁進《まいしん》し、ついに米英と対立して戦争を始めることになるのである。

以後の日本の運命は、すべてアメリカとの問題とともにあった。アメリカも最初のうちはそれほど露骨には出てこなかった。事実、第一次大戦のとき、日本は連合国の一員として戦っている。だが、すでにそのときアメリカは日本と戦争をする決意を固めていたように思う。

余談だが、第一次大戦に負けたドイツ参謀本部のエーリヒ・ルーデンドルフが日清戦争後の三国干渉について、「あんなばかな話はなかった」といったという有名な話がある。三国干渉などせずに遼東《りようとう》半島を日本の領地としておけば、日本との友好関係は保たれたはずだ。ところが、日本に遼東半島を返還させ、山東半島をドイツの租借地にしたのはいいが、第一次大戦で連合国に加わった日本に負けたために、ドイツは結局アジアのすべての権益を失ってしまった、というわけである。

そしてこれ以降、ドイツは日本を憎むようになった。日本を憎んでどうしたかというと、徹底的にシナに軍事援助を行うのである。

それから、これは日本の外交の失敗ともいわれるが、第一次大戦中の一九一五年に当時の大隈重信《おおくましげのぶ》内閣が中華民国の袁世凱《えんせいがい》政府に対して二十一カ条の要求というものを申し入れたことがあった。シナという国は条約を守らないので、きちんと履行するように、という内容だったのだが、本来は十四カ条でよかったところに「第5号 中国政府の顧問として日本人を雇用すること、その他」として余計な七カ条を付け加えてしまった。

これが非常に問題になったのである。この部分については日本国内でも評判が悪く、議会の反対もあって、あとで撤回しているのだが、これが徹底的に反日運動に利用され、今でも日本が非常に悪いことをしたようにいわれているが、本来は、すでに締結した条約は守ってほしいということが主旨だったのである。

◉対米戦争の遠因となった「絶対的排日移民法の成立」とは？

この二十一カ条問題については、おそらくアメリカの悪意ある宣伝も影響している。アメリカは日本がヨーロッパの戦争の間に火事場泥棒のようにシナに手を伸ばそうとしているのではないか、と邪推《じやすい》するのである。そして、戦後は露骨に日本の移民の迫害をはじめ、ついに一九二四年（大正十三）五月、アメリカ連邦議会はいわゆる「絶対的排日移民法」を可決する。これは日本の移民を根絶するという意味にも解釈された。それまでも日本はアメリカに譲歩し、新しい移民を送らないなどの配慮をしてきたにもかかわらず、今後は新しい移民を入れないのみならず、アメリカ国籍を持つ日本人の子供が親の土地を相続できないといった、明らかに反日、人種差別的な法律を通してきたのである。

この絶対的排日移民法の成立を聞いたとき、日米経済人の交流のために一所懸命に努力していた渋沢栄一――当時、八十を超えていた――は帝国ホテルで涙を流しながらスピーチをして、「自分の目の黒いうちにこんな目に遭《あ》おうとは……私は若い頃にやっていた攘夷《じょうい》運動を続けるべきであった」というような世迷《よま》い言にも近い泣き言をもらし、慨嘆している。それぐらいこの法律は日本人を怒らせた。憤慨のあまり、アメリカ大使館前で切腹した日本人もいるぐらいである。

日本から見れば、これは東から黒い雲が湧《わ》き上がってきたという感じであった。昭和天皇は、対米戦争の遠因として日本人の移民およびその迫害の問題を挙げ、近因として石油をとめられたことを挙げておられるが、それは確かな分析である。それまでは日本人は、ずっとアメリカに好意を持っていて、多くの日本人がアメリカに留学していた。アメリカかぶれに近いほどアメリカが好きだったのである。ところが、突然ほっぺたをひっぱたかれるように、アメリカが日本を憎んでいるということに気づかされたのである。

その結果、アメリカと協調しようという政治家がいても、なんとなく受け入れがたい雰囲気が生まれてきた。あれだけ日本人を嫌っている国になぜ譲歩するのかというわけである。これは心情的にもっともといえるだろう。

◉大きな力を持った右翼の社会主義者たちが引き起こした二・二六事件

アメリカの絶対的排日移民法が東からの黒い雲だとすれば、西からの黒い雲は一九一七年（大正六）に起こったロシア革命である。

ロシア革命以前にも、世界には社会主義的な思想があり、日本でも社会主義があってもおかしくなかった。しかし、ロシアは自分たちの国の中だけに革命を留めておかず、その革命を世界中に輸出して、世界から「国家」をなくしてしまうという理想を持っていたのである。そしてまずドイツのソヴィエト化をもくろむが失敗し、次にアジアに手を伸ばしてきた。これから後、日本とシナの間に起こる満洲事変およびシナ事変ほかの軍事衝突の背後には、必ずといっていいほどコミンテルン、ロシアの工作隊の手が回っていたのである。

それのみならず、コミンテルンは日本国内にも手を伸ばしてきた。ただ、戦前の日本の共産党はほとんど影響力を持ち得なかった。戦後になって戦前の共産党は巨大勢力であったように喧伝《けんでん》されたがそれは大嘘である。日本の警察のポケットに入っていたような規模にすぎず、人数もごく少数しかいなかった。

真に恐れるべきは、共産党員ではない左翼思想の蔓延《まんえん》だった。ソ連は日本共産党、すなわちコミンテルン日本支部は駄目だと見限っていた。それはコミンテルン自体の失敗でもあった。すなわち、彼らの用語でいえば「天皇制の廃止」、つまり皇室をなくすことを掲げたために、社会主義思想に同調して共産党と一緒に運動を行おうとしていた真っ当な社会主義者はみんな手を引いてしまったのである。

皇室の廃止が何を意味するかは、ロシア革命におけるロシア宮廷を見れば誰の目にも一目瞭然《いちもくりょうぜん》であった。皇帝一族のみならず、その馬まで殺されているのである。「皇室は日本人すべての家の総本家」という感じを抱いていた多くの国民は、皇室の廃止をスローガンに掲げる共産主義に恐怖感を覚え、そこから治安維持法が生まれることにもなった。

これを見たコミンテルンは、日本の共産党を見限って、ドイツのベルリンを拠点に、ドイツに留学してくる学者、芸術家、芸能人も含めた日本人留学生たちを赤化する方針を立てた。共産党への入党は求めず、左翼シンパになればよしとして勧誘したのである。この巧妙な戦術転換がうまくいって、日本に左翼思想がどんどん入ってくることになったのである。

そして、共産党の代わりに日本で大きな力を持ったのは、右翼の社会主義者たちであった。第一次大戦後の日本は資本主義が栄えた時代で、そこに共産主義的な思想が入ると、社会体制を変えなければならないという発想になる。それが「昭和維新思想」であるが、これは簡単にいえば、皇室と民衆の間の階級は要らないということである。昭和維新を唱える右翼の社会主義者たちは、元老とか、貴族とか、地主とか、資本家などは要らないのだと主張したのである。

これが戦前の右翼思想の特徴で、その内容は皇室を仰ぐ共産主義というようなものであった。当時の右翼の綱領を見ると、皇室の取り扱いを除けば共産主義のプログラムとほとんど変わらない。戦後の歴史教育では、彼らのことを国家主義者とか軍国主義者というような名前で呼んでいるが、それでは本質はわからない。彼らはあくまでの右翼の社会主義者なのである。

この右翼社会主義思想が陸軍に入った。当時の陸軍の下級将校たちは、皆旧制中学出身の秀才であった。そして、預かる兵隊は貧乏な百姓の息子が多かった。青年将校たちは毎日のように農家出身の兵士たちと接し、東北の農村などでは一家を救うために娘が身売りをしているというような話を聞いて、社会に対する義憤を感じた。

そして、資本主義と政党政治に対して怒りの目を向けた。一部の財閥は巨利を貪《むさぼ》っているのに農民は飢えに苦しんでいる。政治家たちは目先の利益だけを追い求めて国民のことを考えようとしない。こうした不満が「天皇を戴《いただ》く社会主義」と結びついたのである。

そこで生まれた陸軍内のグループが皇道派《こうどう》と統制派であるが、この二派は核マル派と中核派が対立しているようなもので、〝同じ穴の狢《むじな》〟であった。

彼らはともに、天皇の名によって議会を停止し、同時に私有財産を国有化して、社会主義政策を実行することをめざしていた。両者の間で違っていたのは、日本を社会主義化するための方法論にすぎない。皇道派はテロ活動によって体制転覆《てんぷく》を狙い、昭和十一年（一九三六）に二・二六事件を引き起こした。一方の統制派は軍の上層部を中心に組織され、合法的に社会主義体制を実現することをめざしたが、理想とした政策は皇道派とほとんど変わらないものだった。

ちなみに昭和七年（一九三二）五月十五日の五・一五事件は海軍の青年将校たちが起こしたものである。これは昭和五年（一九三〇）にロンドンで開かれた海軍軍縮条約で日本に不利な条約を締結した政府に対する反発が原因となったので、社会主義思想とは直接的には関係がない。このときは犬養毅《いぬかいつよし》首相が殺されているが、当時の日本は不景気で、政府が悪いと考える人が多かった。そのため実行犯たちに同情する声が多く、犯人たちを救えという嘆願書が裁判所に山積みになったという。その結果、主犯までも死刑にならず、間もなく出てくるというような考えられない顚末《てんまつ》となった。

ところが、二・二六事件になると、これは本格的な革命に近い大事件になる。岡田啓介《けいすけ》総理大臣をはじめ、高橋是清《これきよ》大蔵大臣、斎藤實《さいとうまこと》内大臣、鈴木貫太郎《かんたろう》侍従長（終戦時の総理大臣）、渡辺錠太郎陸軍教育総監らが襲撃され、高橋、斎藤、渡辺の三氏が殺害されている。彼らは軍首脳を経由して昭和天皇に昭和維新を訴えるが、天皇は彼らを叛乱《はんらん》軍と見なし、即座の鎮圧を命じる。その結果、戒厳令《かいげんれい》が敷かれ、鎮圧されるのである。そして、その指揮を執った者たちには死刑が言い渡されている。

◉世界恐慌と第二次大戦の引き金になった「ホーリー・スムート法」とは？

なぜそれまでに日本人が左翼好きになったのか。それには理由がある。これもまたアメリカに責任があるといっていい。

アメリカは第一次大戦中および大戦後のしばらくの間、空前の好景気であった。ところが、そのうち第一次大戦で傷ついたヨーロッパの産業が復興すると物が売れなくなり、輸入制限をして自国産業を保護しようというブロック経済論が台頭してくる。そして一九二九年（昭和四）に、ホーリーとスムートという上院議員と下院議員が、二万品目以上の輸入品に膨大な関税をかける「ホーリー・スムート法」を上程した（一九三〇年に成立）。

しかし、これは貿易反対法ともいえるもので、アメリカが輸入品の関税を上げれば、他国も対抗してアメリカの商品に高い関税をかけた。その結果、アメリカの貿易高は半分以下にまで落ち込んだ。アメリカの株式市場は大暴落し、空前の不況がアメリカを襲い、世界へと広がっていくことになった。いわゆる「世界大恐慌《きょうこう》」である。

日本に対してもアメリカは一千品目について万里《ばんり》の長城《ちょうじょう》のような高い関税をかけたから、日本の対米貿易高は一年以内で半分になった。それはヨーロッパも同様で、結果として世界に不況の嵐が吹き荒れることになったのである。

そのとき、思いがけない現象が起こった。この不況はマルクスの予言が的中したのだという解釈が横行したのである。マルクスの経済論は、非常に簡単にいえば、機械が発達すると労働力が不要になって大量失業が起こり不況になるというものであり、まともな経済学者には問題にされていなかった。ところが、この不況になるという一点だけが拡大解釈されて予言が当たったといわれたのである。

もちろん、それは間違っている。この大不況にマルクスの経済論は全く関係なく、ホーリー・スムート法により貿易が止まり、物資が流通しなくなったことが、すべての原因であった。つまり、その不況の原因はアメリカのブロック経済にあったわけである。そしてアメリカに対抗するために、イギリスも一九三二年（昭和七）にオタワ会議を開き、連邦諸国との間でブロック経済を行うことを決めたのである。

これが不況の本当の理由だったにもかかわらず、その解釈をマルクスととったために、日本では資本家が悪いという発想になり、社会主義がもてはやされ、それが軍隊にも入って社会体制を変えなければいけないというふうに飛び火したのである。昭和初期の日本に起こったごたごたは、明らかにアメリカのエゴイズムと、それに引き続いたイギリスのエゴイズムと、それからマルクスとは関係がないのにマルクスの予言が当たったと宣伝したコミンテルンの策略のうまさがかみ合わさったために生み出されたものであったといってよいだろう。

また、米英のブロック経済政策は第二次世界大戦への引き金ともなった。これらの資源豊富な「持てる国」はブロック経済で不況をしのげるが、日本やドイツ、イタリアのような「持たざる国」はたまったものではない。その結果、日本では東アジアに日本を中心にする経済ブロックをつくろうという「日満ブロック政策」が生まれ、ドイツやイタリアでは国家社会主義化（ファッショ化）が国民の支持を得るようになった。第二次世界大戦はドイツと日本がはじめたものとされるが、実際に日本やドイツを追い込んだのは、「持てる国」のブロック経済がきっかけだったのである。

それでも日本には高橋是清《これきよ》という抜群の財政家がいたため、世界大不況から抜け出すことができた。同時に、昭和六年（一九三一）に起こった満洲《まんしゅう》事変をきっかけとして高度成長期に入り、順調な発展を遂げていくことにもなるのである。

◉「張作霖爆殺事件の首謀者は、関東軍の河本大作大佐」という嘘

満洲事変とは昭和六年（一九三一）九月十八日に起こった柳条湖《りゅうじょうこ》事件に端を発し、日本軍と中華民国軍が武力衝突した事件であるが、現在一般に知られている満洲事変の解釈には、大きな誤解が二つある。

第一の誤解は、昭和三年（一九二八）六月四日に起こった張作霖《ちょうさくりん》爆殺事件の首謀者である。これは関東軍の河本大作《こうもとだいさく》大佐が実行したという話になっているが、これはもうソ連の諜報《ちょうほう》部が画策したものと断定してもいいと思う。

その理由の一つは、使われた火薬がソ連製であることをイギリス諜報部がつかんでいたということ、またそれが根拠となっているのだろうが、満洲事変の調査に入ったリットン調査団が、張作霖爆殺事件を日本軍のしわざとは断定せず、「神秘的な事件」としていることである。

さらにいえば、東京裁判のときに、張作霖爆殺事件は日本軍のしわざだという告発があったにもかかわらず、証拠はすべて伝聞であるとパール判事に指摘されている。それにもしも本当に河本大作が首謀者であったのなら、シナ軍によって捕まっていた彼を証

人として東京裁判に出せばよかった。河本を出せなかったこと自体、彼が事件に関係していないことを示していると考えられるのである。

最近では張作霖の乗っていた車輌の天井が破壊されているのに、線路は損傷されていないという報告書や写真も出されており、日本軍による鉄道爆破で張作霖が殺されたのではないという動かぬ証拠も出てきた。

第二の誤解は、満洲国は日本がシナを侵略して建国した国家だといわれるが、そうではないということである。満洲国は元来、清国の母国である。徳川家康が死んだ頃に、ヌルハチという満洲族の有能な首長が満洲の統一にかかった。そしてその孫の代には北京も占領して、シナ全土を満洲族の植民地とした。それが清国である。したがって、清国というのはシナ人の王朝ではなく、満洲族の王朝なのである。満洲族は漢民族とは違い、ツングースである。シナの王朝だからすべて同じ民族ではないという点をまず理解していただきたい。

その満洲の最後の皇帝溥儀《ふぎ》は宣統帝《せんとうてい》として清国を治めていたが、清朝末期に起こった辛亥革命《しんがい》（シナ人の独立運動）によって退位を余儀なくされる。退位の条件として溥儀は紫禁城《しきんじょう》に暮らすことが許され、生活も保障されていた。しかし、その約束は守られず、紫禁城から追い出されてしまう。暗殺の恐れもあったため、彼はイギリス人の家庭教師、サー・レジナルド・ジョンストンとともに城から逃げ出し、北京の日本公使館に転がり込む。

退位から四年後の一九二八年（昭和三）、溥儀の心を揺り動かす事件が起こった。北京にあった清朝帝室の墳墓が中国国民党政府の兵士たちによって荒らされ、財宝が盗まれたのである。先祖たちの遺体や棺《ひつぎ》はダイナマイトの爆発でバラバラにされてしまった。このときから溥儀は、シナを去り、先祖代々の土地である満洲に帰ることを望むようになった。

当時の満洲には五つばかりの匪賊《ひぞく》の首長が軍閥《ぐんばつ》を形成し、それぞれ自分が満洲国の支配者であると名乗っていた。しかし、そこに日本軍の後ろ盾もあって溥儀が帰ってくると、彼らはすぐにひれ伏して、溥儀を満洲皇帝に担ぎ上げた。これは非常に自然な動きで、溥儀こそが正統な満洲人の皇帝であったからである。

溥儀は満洲の地に自らの民族の国家をつくることを望んだ。そしてできた満洲国の大臣はすべて満洲人か清朝の忠臣である。そして日本がそれを助けたのである。これについて日本は何も恥じる必要はないし、世界の国も文句をいう資格はないはずであった。

ただし、問題点が一つあった。それは満洲国の独立という溥儀の希望を日本の軍部が日本の政府の意向に沿うことなく独走して、満洲事変によって強引に実現させてしまったことである。もし軍部が独走せず、政府が主体となって国際政治の舞台で上手に根回しして諸外国の承認のもとに満洲国の独立を援助していたら、満洲国が日本の傀儡《かいらい》国家であるといわれることもなかっただろう。

いずれにせよ、こうして満洲国は独立し、日本の援助のもとで驚異的な発展を遂げた。それは当時の中華民国政府も認め、一九三三年（昭和八）五月に塘沽《タンクー》停戦条約を結び、事実上満洲国の独立を認めているのである。

また、当時の世界の独立国家の半数も満洲国を承認した。その中にはローマ教皇庁のあるバチカン市国が含まれていたことは指摘しておくべきであろう。ただ、満洲国を認めると困るのが日本を仮想敵国と見なすアメリカであった。アメリカは日本を強く非難し、満洲国を承認しようとしなかった。またイギリスも、おそらくはアメリカから頼まれて、満洲国を認めなかった。

満洲は、元来は「禁封《きんぷう》の地」といわれ、長い間、シナ人を入れない土地であった。そのため人口密度が低く、当時の英語の文献には「ノーマンズ・ランド」と書いてあるほどであった。ところが、満洲国ができると非常に治安がよくなり、その結果として毎年百万ぐらいの移民がシナ本土から流れ込んできた。また日本からはもちろん、朝鮮や蒙《もう》古《こ》からもどんどん移民が入って来た。そしてあっという間にアジア大陸の中で最も繁栄した地域に一変したのである。

面白くないのはアメリカである。なぜアメリカは満洲が日本の勢力下に入ることを恐れたのか。それには理由があった。パウエルというシナに二十年滞在していたアメリカ人記者が書いているが、満洲の松花江《しょうかこう》を見てアメリカ人はミシシッピ川を思い出すというのである。そして満洲の平原を見るとミズーリやオハイオといった西部の大平原を思い出す。こんなところに日本が進出したらどうなるか。アメリカ人は自らのアメリカ開拓史に重ね合わせて満洲の発展と日本の勢力拡大を恐れたのである。

満洲国のスローガンは「五族協和《ごぞくきょうわ》」というものであった。これは満洲民族、漢民族、蒙古民族、朝鮮民族、日本民族が共存共栄するというものであった。これは板垣征四郎《いたがきせいしろう》と石原莞爾《かんじ》の合作といわれるが、特に石原莞爾の力が大きかったと思われる。もしも満洲が石原莞爾のつくったままの姿で存続していれば、非常に安定して発達し、第二次大戦も起こる必要のない幸せなコースに進んだのではないかと思う。

しかし残念ながら、この件に関しては、アメリカだけではなくソ連もシナも一致して困ると思ったのである。ソ連にしてみれば東に出ることができなくなるのが嫌だったし、日露戦争で負けた恨みもあったであろう。それからシナにとってみれば、満洲は歴史的に見てシナの土地ではないことを百も承知のうえで、満洲は清国に含まれていたのだからそれは自分たちの土地である、という理由にならない理由を掲げていた。もしもこのシナ人の論理をヨーロッパに適用するとすれば、インドネシアが独立したら、前にインドネシアを支配していたオランダも自分たちの国だというようなおかしなことになる。

それぞれの思惑《おもわく》は違うが、いずれもが満洲事変を日本攻撃の材料にして、満洲国を承認しようとしなかったのである。それでも世界の半数の独立国に満洲が正統なる国であると承認させるのに成功したのだが、それが完全に根を下ろさないうちに第二次大戦に入っていくことになってしまった。これは日本および満洲にとって不幸であったというしかない。

なお、満洲国建国の経緯を知るには、レジナルド・ジョンストンの書いた『紫禁城《しきんじょう》の黄昏《たそがれ》』という名著があるので読んでみるとよいだろう。これは当時ベストセラーとなった。ジョンストンという人は、映画『ラストエンペラー』にも登場する、いつも黒い服装をして溥儀のそばにいるイギリス人である。彼は当時、世界でも一流のシナ学者であった。後にイギリスに帰国してからはロンドン大学教授、東方研究所所長にもなっている。

その人が溥儀と二人で紫禁城を逃げ出して日本公使館に転がり込んだ経験を書いてい

る『紫禁城の黄昏』は紛《まぎ》れもない第一級の史料である。もしもこの本がリットン報告書の前に出版されていたならば、おそらく国連も満洲国の独立を問題にできなかっただろうと思われるが、残念ながら出版は三年遅かった。

しかし、今もってこれは動かしがたい第一級史料である。ゆえに、東京裁判のときにこの本を弁護側が証拠物件として提出しようとすると、ウェッブ裁判長は却下したのである。これを証拠物件として認めてしまうと、東京裁判が成り立たなくなってしまうからである。

ちなみに、この本は映画『ラストエンペラー』がヒットしたために岩波文庫から訳が出たが、満洲を理解するために重要な箇所はすべてカットされていた。

◉コミンテルンが仕掛けた盧溝橋事件からシナ事変へ

一九三七年（昭和十二）七月七日、北京西南にある盧溝橋《ろこうきょう》で夜間演習中の日本軍に向けて何者かが数発の銃弾を撃ち込んだ。それがきっかけとなって日本軍と中国国民党軍が再び軍事衝突することになった。いわゆる「盧溝橋事件」である。これは北シナでの戦い（北支《ほくし》事変）へと発展していき、日本軍はシナ大陸での戦争に引き込まれていくことになる。

盧溝橋事件の発端となった銃撃を日本軍の自作自演とする見方もあったが、現在では銃撃はコミンテルンおよびその手先になった中国共産党の兵士によるものであることがほぼ明らかになっている。

北支事変そのものは日中両国の不拡大方針に基づき、十一日に停戦協定が結ばれたが、シナでは抗日運動が激化した。同月二十九日に北京東部の通州《つうしゅう》で婦女子を含む日本人二百人前後が虐殺《ぎゃくさつ》されるという事件が起きると事態は風雲急を告げ、八月十三日には上海の国際共同租界《そかい》の中の日本人居留区を張治中《ちょうじちゅう》将軍率いる約五万の中国正規軍が包囲し、機関銃による射撃および空爆を行った。さらに翌十四日には航空機によって揚子江《ようすこう》に停泊していた日本軍艦艇を爆撃した（当時、揚子江には英米などの軍艦も自国民防衛のために派遣されていた）。第二次上海《シャンハイ》事変の勃発である。

当時、上海には居留地の日本人を守るために約四千人の海軍陸戦隊が駐留していたが、これはアメリカの海兵隊などとは違って大きな戦争をするようには組織されていなかった。そこに中国国民党の正規軍五万が攻め込んで来たのであるから、圧倒的に状況は不利であった。

日本政府は急遽《きゅうきょ》第三師団と第十一師団を上海に派遣することを決めた。これによって、シナ事変（日華《にっか》事変、日中戦争）が本格的に火ぶたを切ることになるのである。

ただ、日本もシナも宣戦布告はしなかった。これは奇妙な話に聞こえるが、今日の国際法では、中立国は戦争をしている国に武器や軍需品を簡単に売ることができないのである。しかし、中国は武器をどんどん買う必要があったし、日本はガソリンや鉄を買わなければならなかったので、両国とも戦争とは言いたくなかったのである。今では日中戦争と呼ばれる場合もあるが、当時はあくまでもシナ事変あるいは日華事変というように「事変」という言葉を使っていた。

日本軍は盧溝橋事件からはじまった北シナでの戦いでは楽々勝利を収めるが、上海では大変な被害を受けた。時間的に見れば、日露戦争の旅順《りよじゆん》攻略戦と比較すべきほど多くの死傷者を出した。

それには明確な理由がある。上海地区には中国が十年も前からドイツの参謀将校を招いてつくった陣地と武器が待ち構えており、ここに日本軍を引きずり込んで殲滅《せんめつ》しようという計画を持ち、いわゆるゼークト・ラインを構築していたのである（ゼークトはこれに関与したドイツの参謀長の名前）。国民政府はドイツ参謀将校の指示に従いトーチカや機関銃陣地を配備し、日本軍を待ち構えていたのである。

実際に日本軍は大変な被害をこうむり、窮地に追い込まれる。そこで急遽、杭州湾《こうしゆう》に柳川平助《やながわへいすけ》中将率いる第十軍を上陸させた。これにより背後を衝《つ》かれた中国軍は総崩れになり、逆に日本は一挙に首都南京《ナンキン》をめざした。そして南京の戦いがはじまるのである。

◉南京戦から八年もたって、なぜ「大虐殺」と喧伝されたのか？

蔣介石《しょうかいせき》は南京で戦っても勝てる見込みはないと悟り、南京に二十万人近くの市民を置き去りにして漢口《かんこう》に逃げてしまった。さらにこのとき、自分に戦わせてくれと懇願した唐生智《とうせいち》という将軍に南京防衛を任せたのだが、この将軍も南京陥落《かんらく》前夜に逃げ出してしまう。したがって、日本軍が南京を陥落したとき、そこには責任者と呼べるような敵の将軍がいなかったのである。

日本軍は都市を戦場にすることを好まなかった。それで当初、南京をオープン・シティにするように勧告した。オープン・シティというのは、都市を戦場にしないという文明的な発想から生まれたもので、日露戦争の奉天会戦《ほうてんかいせん》のときにもオープン・シティとなった奉天の町の中では戦争は行われていない。

第二次大戦でも、ドイツ軍に対してフランスの司令官がパリをオープン・シティとすると宣言したため、町は破壊されなかった。また、連合国が攻めてくると、今度はドイツ軍の司令官がパリをオープン・シティにして退却したため、パリはほとんど無傷のまま残った。逆に都市を戦場にしたのはワルシャワやベルリンで、これは徹底的に破壊されてしまった。

本来、都市は戦場にするべきではなく、南京のオープン・シティを勧告したのは日本の正しい選択であった。実際、北京や保定《ほてい》という大きな町にしても、漢口にしても、すべてオープン・シティにしたため、全くといっていいほど市民の損害はなかった。

しかし蔣介石は南京をオープン・シティにしなかった。そのため、日本軍は南京に対して総攻撃をすることになるのである。その結果、南京において大虐殺が行われたというデマがふりまかれることになったのである。

しかし、この南京攻略戦を前に松井石根《いわね》司令官は全軍に対し、「日本軍が外国の首都に入城するのは史上初めてのことであるから、後世の模範となるような行動をするべし」と訓令を出している。ゆえに、計画的な大虐殺など初めからあろうはずがなかったのである。

中にはとばっちりを食った市民が少数いたことは考えられる。しかし、虐殺とされたのは、戦場で死んだ敵兵か、便衣隊《べんいたい》という市民から着物を奪って市民になりすまして逃げようとしたり日本兵をピストルで撃とうとした連中か、投降して捕虜になりながら暴動を起こしたために鎮圧された連中である。いわゆる市民の犠牲者は、現在の調査では限りなくゼロに近いのである。南京戦の前の市民の数は二十万人、占領後も二十万人。占領一か月後にもなると、避難していた者も帰ってきて二十五万人になっている。

ただ、日本人がいうだけではあまり信用されないかもしれないので、別の証拠を出そう。当時、蔣介石が外国人記者と対談した約三百回の記録が残っている。しかし、その中でただの一回も南京大虐殺に対して蔣介石は言及していない。もちろん毛沢東《もうたくとう》も同じである。

また当時、安全地区には外国政府の外交団がいたが、正式に日本に抗議した外国政府は皆無である。また、当時の日本は国際連盟から脱退した憎まれっ子だったにもかかわらず、国際連盟も非難していない。

しかも、南京大虐殺に言及されたのは、南京攻略戦から八年経った東京裁判の法廷であった。なぜ八年も経ってからいきなり大虐殺が持ち出されなければならなかったのか。これは完全にアメリカの宣伝だと私は思う。

東京裁判はニュルンベルク裁判と同じような原理で行われた。ニュルンベルク裁判でいちばんの問題となったのは、ナチス・ドイツの市民虐殺、ユダヤ人虐殺であった。日本の場合、そういう事実が全く見つからなかったので、インチキ資料、蔣介石政府の宣伝文句を使って大虐殺と言い出したのであろう。

東京裁判では、南京で占領後六週間の間に殺された一般人・捕虜の総数を二十万から三十万人としているが、勘《かん》ぐれば、この数は原爆や無差別爆撃でアメリカが日本の一般市民を殺した数とほぼ同じである。アメリカが自らの罪を薄めるために数を合わせたという説があるが、これも説得力が全くないわけではないであろう。

◉日本がアメリカに宣戦布告するように仕掛けたのはチャーチル⁉

盧溝橋《ろこうきょう》事件に端を発したシナ事変（日華《にっか》事変）はずるずると拡大していったが、その一方で日本を取り巻く国際環境はますます悪化していった。気がつくと日本はアメリカ、イギリス（ブリテン）、シナ（チャイナ）、オランダ（ダッチ）の四か国によるいわゆる「ＡＢＣＤ包囲陣」に取り囲まれて、石油をはじめとする戦略物資が全く入ってこなくなっていた。

最近の研究によると、この包囲陣を画策したのは、どうやらイギリスのチャーチル首相であったようだ。

当時、イギリスはドイツで戦っていたが、ドイツ軍の圧倒的な強さのために風前の灯といったありさまであった。政権を投げ出したチェンバレンに代わって首相となったチャーチルは、「イギリスを救うためにはアメリカを引きずり込むしかない」と考えた。

しかし、アメリカは第一次大戦に参加して、多大の人員の被害を受けたにもかかわらず、何ら得るものがなかったという実感があり、ルーズベルトは大統領選挙のときに「絶対に参戦しない」という公約を掲げて当選していた。したがって、アメリカから積極的に戦争に参加することができなかったのである。

その一方でアメリカは、国際条約を無視してイギリスに対してはほとんど無限の武器援助を行っていた。これはイギリスを助けるのみならず、これに腹を立てたヒトラーがアメリカの船を一隻でも沈めてくれれば、それを口実にして戦争に参加するつもりだったのである。しかし、ヒトラーはアメリカの挑発に乗らなかった。

そこで今度、知恵者のチャーチルが考えたのは、裏口からアメリカを参加させることであった。つまり、日本を戦争に参加させ、まず太平洋で日米戦争が起こるように仕向ければ、日独伊三国同盟によってドイツはアメリカと自動的に戦うことになるのではないか、と考えたのである。

ただし、放っておいても日米戦争が起こるわけではないし、アメリカが日本に宣戦布告することもあり得ない。そうだとすれば、日本がアメリカに宣戦布告するように仕向けるしかない。そこでチャーチルは「ＡＢＣＤ包囲陣」をつくり、日本をじわじわと締め上げて、日本を太平洋の戦いに引きずり出すことに成功したのである。

日本はぎりぎりまで戦争回避の道を探った。日本の海軍はアメリカと戦争をしたくなかったし、日本の陸軍は一度としてアメリカを仮想敵国と考えたことはなかった。しかし、最終的には石油の禁輸が効いた。石油がなくなる前に何とかしなくてはならないと考えた海軍は、ここに至ってアメリカとの戦争をはじめることを決意し、ハワイ攻撃などの計画を立てはじめるのである。それはいずれも昭和十六年（一九四一）になってからの話で、それ以前はじわじわと首を絞められていたという感じであった。

例えば日本軍は南ベトナムに進駐した。当時のベトナムはフランス領であり、日本はフランス政府の許可を得て平和的に進駐したのであり、別に戦争に行ったわけではない。しかし、それを口実にアメリカにある日本資産の凍結が行われた。しかし、実は資産が凍結された時期は日本が進駐する前であったことが現在は明らかになっている。

日本が戦争に消極的だったという事実について最も信憑性《しんぴょうせい》があると私が思うのは、東條英機《とうじょうひでき》大将が東京裁判のときに提出した宣誓供述書である。宣誓供述書は裁判に出す書類であり、そこに嘘があれば、すぐに検事側からひっくり返されてしまう。少なくとも事実の嘘は書かれていないと考えるべきだろう。その宣誓供述書を見ると、東條が常にいっているのは、日本はいつも受け身であった、ということである。「こうされたから、こうせざるを得なかった」と東條はいうのである。実にこれは正しい分析で、日米戦争がはじまるまでの道のりは、「こうせざるを得なかった」の連続であったと思うのである。

アメリカから届いた国交断絶書的内容の「ハル・ノート」はハル国務長官ではなく、ハリー・ホワイトという大蔵省の人間が書いたものであった。彼は戦後、ソビエトのスパイ容疑で自殺している。日本とアメリカを戦争させたがったのは、チャーチルだけでなく、スターリンもドイツ軍に攻め込まれ、アメリカの援助を必要としていたのである。アメリカを欧州の戦争に参加させるためには、日本に戦争を起こさせるしかない——とチャーチルとスターリンもそれぞれの立場から考えていたのである。

日米戦争は一九四一年（昭和十六）十二月八日未明、日本海軍の真珠湾《しんじゆわん》攻撃をもってはじまる。これも後に「スニーク・アタック（闇討《やみう》ち、だまし討ち）」であったといわれるが、断じてそうではない。日本は爆撃開始以前に国交断絶の書類が届くように計画し、準備を整えていたのである。日本は天皇陛下も、東條首相も、永野修身《ながのおさみ》軍令部総長も、山本五十六《いそろく》連合艦隊司令長官も、必ずその断絶書が攻撃の前に着くように、あらかじめパイロット電報で指示し、「現地時間の午後一時」と手渡す時間まで決めていたのである。

しかし、出先のアメリカ大使館の日本の外交官が電報を受け取るのが遅れ、それを夕イプしていると午後一時に間に合わないというので、勝手に時間を一時間も遅らせてしまった。その間に爆弾が落ちてしまったのである。これは悲劇というしかない。この痛恨のミスは徹底的に日本非難の材料に使われ、「ずるい日本人」というイメージが世界中にばらまかれてしまったのである。

当時のアメリカにいた責任あるキャリアの外交官たちは、ペンシルバニア通りに並んで切腹するべきであった。そうしていたら、世界中のマスコミが報道して、奇襲になった理由も理解され、「ずるい日本人」というイメージも払拭《ふっしょく》できていたはずである。しかし、もちろん彼らはそんなことはしなかった。

しかし奇襲がそのような事情によるものとアメリカにもわかっていたためか、ハワイ攻撃に関係して東京裁判で有罪になった人はない。これはアクシデントであり、これをもって裁ける性質のものではなかったのである。

◉真珠湾攻撃のとき、第三次攻撃をしていれば、日本の敗戦はなかった!?

日本は太平洋戦争の途中において、勝てないまでもドローン・ゲームにする機会が少なくとも二度はあった。しかし、残念ながらいずれの機会も機動部隊の南雲《なぐも》忠一《ちゅういち》司令官と山本五十六連合艦隊司令長官の判断ミスにより逃がしてしまった。

第一は、真珠湾攻撃のときに、第三次攻撃の予定を取りやめたことである。石油および海軍工廠《こうしょう》に対する第三次攻撃をしていれば、その後半年はアメリカの海軍は全然太平洋で動けなかったであろうとアメリカ太平洋艦隊のニミッツ提督《ていとく》が証言している。

もしそうなれば、日本の連合艦隊はアメリカの西海岸を砲撃することができた。となると、アメリカは西海岸で軍艦も航空母艦も造れなくなり、また、上陸される恐れがあるため、アメリカ陸軍はカリフォルニアに集まらなければならなかったはずである。すると、ヨーロッパやアフリカには援助に行けず、ドイツのロンメル将軍はスエズをとり、そこで日本と手を握ることができていたはずである。また、アメリカの援軍がなければイギリスはそう長くはもたなかったであろう。そうすると、アメリカは戦争する理由もあまりなくなり、平和条約を結んだ可能性があった。

しかし、連合艦隊は第三次攻撃をやらず、当時の連合艦隊の参謀長の言葉によれば「泥棒のように」と逃げ帰ったのである。第二航空戦隊から第三次攻撃準備完了の報告があったにもかかわらず、それを却下したのである。

それだけでなく、ハワイからの帰りにミッドウェーを攻撃せよという命令にも従わないで、やはりこそ泥のように戻って来た。国民は真珠湾攻撃の成果に浮かれて、それに気づかなかったのである。

第二は、一九四二年（昭和十七）六月五日から七日にかけて行われたミッドウェーの戦いである。このときも機動部隊司令長官南雲中将の判断ミスで日本の航空母艦がやられてしまった。それによって戦いの流れがすっかり変わってしまったのである。これについては、アメリカにおいて司馬《しば》遼《りよう》太郎《たろう》のような立場にある作家、ハーマン・ウォークが次のように述べている。

もしミッドウェーの海戦に日本が勝っていれば、アメリカ西海岸の守備が緊急の問題になる。アメリカの陸軍はすべてカリフォルニアに集まらなければならないから、ヨーロッパはイギリスが落ちて、ヒトラーが制覇したであろう。ヨーロッパがヒトラーに制圧されれば、アメリカは日本やドイツと講和せざるを得なかったであろう、と。

これは決して日本人の思い上がりではなく、公平に見ればそうなったということである。だから、出だしのわずかな失敗が敗戦につながってしまったわけである。それに戦艦大和《やまと》以下の大艦隊が、機動部隊より数百キロ後ろからついて行ったのは、山本司令官の許し難きミスである。

しかし、日本は負けたが、結果だけを見れば、日本が望んだような世界になったといえる。戦争がはじまったときに子供であったわれわれが教えられた「大東亜《だいとうあ》決戦の歌」というものがある。「起《た》つや忽《たちま》ち撃滅《げきめつ》の　勝鬨《かちどき》上がる太平洋　東亜侵略百年の　野望を

ここに覆《くつがえ》す　今決戦のとき来る」。この歌詞にあるように、日本には白人の東亜侵略百年の野望をくじいてアジアを独立させる、という目的のもと日米決戦に臨んだのである。負けたとはいえ、この初志は見事に遂げたといってよい。

日露戦争以来、白人の植民地が増えるということはなかった。しかも、第二次大戦以後は、世界中から次々に植民地が消えて、今や中国共産党政権の支配するチベット新疆《しんきょう》地区、満洲ぐらいのものである。

それを思うと、日本が起ち上がり、多大なる犠牲を払ってまで戦った意味は決して小さなものではなく、むしろ世界史を塗《ぬ》りかえるような偉業であったといってよいのではないかと思うのである。

第五章
現代
自分の国の歴史を再び問い直す

◉戦後、原爆投下によって日本の降伏が早まったというのは嘘である

昭和二十年（一九四五）八月十五日、日本は文字通り刀折れ矢尽きたという感じで敗戦を迎えた。しかし、われわれが本当の負け戦というのを実感したのは、最後の半年だけであった。

二十年二月に硫黄島《いおうとう》が落ち、次いで六月に沖縄が落ちてからは、国土全体が焼け払われた。三月九日未明には東京大空襲で十万人以上ともいわれる市民が殺された。八月には広島と長崎に原爆が落とされ、合わせて三十万人もの市民が殺されている。それ以前は、海外の戦場では負けるところが多かったにもかかわらず、内地はわりと温和で平和な状況であった。しかし、負けてみると、最後の数か月の爆撃の記憶があまりにも強烈で、初めから日本は苦もなくやられたという感じを受けたものだ。

連合国側からポツダム宣言の提案があった頃、すでに日本ではそれを受けそうだという話が敵側にも聞こえてきていたようである。皇室さえ無事であれば、すなわち国体に変化がなければ降参してもいいというような世論が醸成されていたことはアメリカも知っていたのである。

しかし、アメリカはどうしても原爆を使いたかった。それで二十年八月六日にウラニウム原爆を広島に落とし、八月九日にプルトニウム原爆を長崎に落としたのである。戦

後、原爆投下によって日本の降伏が早まったと、アメリカは宣伝したが、それは今述べたとおり、全くの嘘である。新型爆弾の実験をしたかったというのが、本当のところであろう。

◉ポツダム宣言は、無条件降伏ではなく、有条件降伏であった事実

日本の戦後はポツダム宣言の受諾によってはじまる。日本はポツダム宣言を昭和天皇の英断によって受諾したのである。これは昭和天皇が事実上、明治憲法の枠から外れた唯一の例である。

なぜならば、明治憲法は立憲君主制であるため、政治決断はすべて内閣が責任を持って行わなくてはならない。ところが、八月九日に開かれた最後の御前会議で、ポツダム宣言受諾派と拒絶派の人数が半々だったため、首相の鈴木貫太郎大将は自らの一票を投ずることを放棄し、天皇のご聖断を仰いだのである。これは明治憲法の立憲君主制が事実上終わったことを意味している。

そのとき昭和天皇は、「自分は外務大臣の意見に賛成である」とおっしゃった。やはり天皇としては憲法を守らなくてはならないという意識をお持ちだったのであろう。ゆえに、自らが直接賛否を述べるのではなく、外務大臣の意見に賛成として、形の上では

立憲君主制を守ったわけである。そして外務大臣の意見に賛成とは、すなわちポツダム宣言を受諾するということであった。

昭和二十年（一九四五）九月二日、東京湾のミズーリ号上でポツダム宣言受諾の調印式があった。これは「宣言」を「条約」にする儀式である。日本からは政府全権大使として重光葵《しげみつまもる》外相、大本営全権の梅津美治郎《うめづよしじろう》参謀総長が出て、連合国からはマッカーサー米陸軍元帥《げんすい》が出てきた。

ポツダム宣言は十三項目からなるが、その第五項にはこう書いてある。

「吾等《ワレラ》ノ條件《ジヨウケン》ハ左ノ如《ゴト》シ」

つまり、日本は第六項以下に書かれた条件を受諾して降伏したわけである。これは、ポツダム宣言が無条件降伏ではなくて有条件降伏であることを示している。無条件でやることを求められたのは、陸海軍の降伏だけだったのである。

ところが、九月六日にトルーマン米大統領からマッカーサーに通達があった。連合国と日本は契約的基礎の上に立つものではなく、無条件降伏を基礎とするものであって、日本はマッカーサーの命令を遵守するものであるというのである。つまり、トルーマンはポツダム宣言の契約に違反したのである。

これに対して、当時の外務省の萩原徹条約局長は、ポツダム宣言は明らかに有条件降伏であると主張したが、マッカーサーは激怒して萩原氏を左遷《させん》してしまう。結局、日本は占領される側であり、賛成も反対もなく無条件降伏を押しつけられることになったのである。そして、このポツダム宣言の延長線上に開かれたのが極東《きょくとう》国際軍事裁判、通称「東京裁判」である。

◉東京裁判は、裁判の名を借りた復讐（リンチ）であった

東京裁判（極東国際軍事裁判）は昭和二十一年（一九四六）五月三日に開廷され、二十三年（一九四八）十一月十二日判決が申し渡された。実に二年六か月を要した非常に長い裁判である。二十八名が被告として裁判にかけられ、東條英機ほか七名が絞首《こうしゅ》刑、十六人が終身刑、二人が有期禁固刑、一人が訴追《そつい》免除、そして判決前に二人が病死した。

東京裁判は裁判の名を借りた復讐（リンチ）であったといってよい。そもそも裁判に必要な要件が満たされていなかったのである。

第一に、裁くための根拠となる法律がなかった。

第二に、裁判長と判事はすべて戦勝国側の人間で、裁判の公平性が担保されていなかった。

これが東京裁判はリンチであったという理由である。

では、死刑になった七人の罪は何だったのか。起訴要因となった事由は大きく三つに分類される。

第一は、「平和に対する罪」。これは共同謀議《ぼうぎ》といわれるもので、日本が侵略戦争を計画したことを問うている。

第二は、「殺人の罪」。これは日本が宣戦布告する前に行った戦闘で戦死した人があることを取り上げて罪をなすりつけようとしたものである。しかし、真珠湾《しんじゆわん》攻撃の真相からも明らかなように、これは判決時には問題にされなかった。

第三は、「通常の戦争犯罪および人道に対する罪」。これは捕虜虐待《ほりよぎやくたい》や略奪など、戦争法規に違反したことを問うている。

このうち最大の問題は「平和に対する罪」であった。日本がポツダム宣言を受け取った時点で、戦争をはじめることは国際法でも犯罪とはされていなかった。戦時国際法によれば国家は戦争権を持っており、その行使は国際法上も有効なのである。すなわち「平和に対する罪」は、東京裁判のためにつくられた事後法なのである。この事後法で罪を問うことができるのかということを、清瀬《きよせ》一郎弁護士をはじめとする日本側弁護団は徹底的に突いたが、それに対するウェッブ裁判長からの明確な返答はなかった。

ただ結果を見れば、戦争をはじめた罪および共同謀議だけを罪状として死刑になった人は一人もいなかった。やはり事後法で裁くことには無理があると思ったのではないだろうか。

結局、死刑になった人が問われたのは「通常の戦争犯罪および人道に対する罪」であった。具体的には「違反行為の命令・授権・許可による戦争法規違反」「違反行為防止責任無視による法規違反」のいずれかであった。ニュルンベルク裁判では人道の罪に問われて死刑になっている人たちがいるが、これはナチスのユダヤ人抹殺《まっさつ》計画があったからである。しかし、日本にはそのような計画は存在せず、そのため、人道に対する罪のみを理由に死刑になった人は一人もいない。ということは、極限すれば、捕虜虐待の罪の有無だけで死刑か否かが決められたことになる。

しかし、これにしても文官である外務大臣の広田弘毅《こうき》や、南京で規律の徹底を訓告した松井石根《いわね》大将に死刑判決が下っているのは、公平に見ておかしいと言わざるを得ない。そのほか東條英機、土肥原賢二《どいはらけんじ》、武藤章《あきら》、板垣征四郎、木村兵太郎《へいたろう》も、直接捕虜の虐待をしたわけではなく、虐待を止める立場にありながら止めなかったという理由で死刑になっているのだが、監督不行き届きで死刑にするというのは、いかにも無理のある話である。

また、東京裁判では、先に触れたレジナルド・ジョンストンの『紫禁城《しきんじょう》の黄昏《たそがれ》』ほか弁護側の提出した証拠がほとんど却下されてしまった。それらの資料に妥当《だとう》性がなかったからではなく、弁護側が提出した資料であったから却下されたのである。

このように、東京裁判は隅から隅まで戦勝国側の勝手な論理に貫かれ、日本を断罪することが唯一の目的の根拠のない裁判だったのである。

◉起訴された全員の無罪を主張したパール判事の予言

この東京裁判の判事のうち、起訴された全員に対して無罪を主張した人がいた。インド代表判事のラダ・ビノード・パール判事である。しかし、このパール判事の判決書はついに裁判所で読まれることはなかった。それはなぜか。その内容が筋の通った正しいものであったからである。

パール判事は後に、「東京裁判のような歴史観が日本に教え続けられたならば、原爆よりも被害が大きいだろう」といっている。また、その判決書の中でハル・ノートに触れて、「あんなものを突きつけられたら、モナコやルクセンブルクのような国でも銃を取って立ち上がるであろう」というアメリカ人歴史家の言葉を引用している。

ハル・ノートとは、昭和十六年（一九四一）十一月二十六日にアメリカ国務長官コーデル・ハルが日本に突きつけた最後通牒《つうちょう》ともいえる提案書である。十九項目からなる内容を見て、それまでアメリカとの開戦に反対していた人たちも「開戦やむなし」と考えを変えざるを得なかったほど、日本にとって屈辱的な譲歩を要求したものだった。むしろ日本を戦争に引き込むために、わざと日本を挑発したとしか思えないような代物だったのである。

ゆえにパール判事は「あんなものを突きつけられたら……」と、日本に理解を示したのである。

この事実を見れば、戦争を引き起こしたのは本当に日本なのかと疑問に思わざるを得ない。アメリカにとってみれば、強力な軍隊を持つ日本の存在はシナ大陸の利権を手にするために邪魔《じやま》だった。その邪魔者を排除するために、「ＡＢＣＤ包囲陣」で日本を窮地に追い込み、最後は石油の禁輸によって日本を戦争に引き込んだ。引き込んでしまえば、石油の備蓄のない日本に勝つ確率は高いとアメリカは踏んでいたのだろう。

そのアメリカの読みは当たり、日本潰しは成功した。しかし、アメリカはそのしっぺ返しを朝鮮戦争によって食うことになる。

それを予言するかのようにパール判事は次のようにいっている。

「時が熱狂と偏見とをやわらげた暁《あかつき》には、また理性が虚偽からその仮面を剝《は》ぎ取った暁には、その時こそ、正義の女神はその秤《はかり》を平衡《へいこう》に保ちながら過去の賞罰《しようばつ》の多くにそのところを変えることを要求するであろう」

本当に正しかったのはなんなのか、時が経ってみればわかるといっているわけである。そして朝鮮戦争を戦う中で、アメリカは自らの過《あやま》ちに気づかされることになる。

◉朝鮮戦争で、マッカーサーは日本が自衛のために戦ったことを理解した

アメリカは当初の考えでは、二十五年ないし五十年日本を統治し、日本人を骨抜きにして、悪くいえばインディアン（ネイティブ・アメリカン）のようにしてしまおうという意図があったようである。

そのために、自然科学においては核の研究は禁止、工業においては飛行機などの製造は禁止、許されるのは軍に関係ないような軽工業のみということにした。要するに、最先端の工業は認めず軽工業を主とし、あとは農業ぐらいで、明治以前の日本に戻すというのが大筋だったようである。私も当時は高校の理科コースにいたが、先端研究はできないと先生にいわれたため文科コースに進路を変えた一人である。

ところが、昭和二十五年（一九五〇）六月、私が上智大学に入って二年目のときに、朝鮮戦争が勃発する。これで、風向きがガラリと変わった。朝鮮半島でソ連軍と対峙《たいじ》したアメリカは、そしてマッカーサーは、このとき初めて日本の主張が正しかったことに

気づいた。すなわち、満洲を共産圏に渡さないことが東亜《とうあ》の安定の生命線になる、という主張である。そして日本が行った戦争は侵略戦争ではなく、自衛のための戦争であったと身をもって知るのである。

朝鮮戦争中にアメリカに呼び戻されたマッカーサーは、一九五一年（昭和二十六）五月三日に上院の軍事外交合同委員会ではっきり証言している。「彼ら（日本人）が戦争に飛び込んでいった動機は、大部分が安全保障（自衛）の必要に迫られてのことだったのです」と。

もしもそれに気づくのが二年半早ければ、あるいは、朝鮮戦争が二年半早くはじまっていれば、東京裁判は日本を裁くことができなかったであろう。

しかし、遅きに失したとはいえそれに気づいたアメリカは、半世紀ぐらいは占領するつもりだった日本を、すぐ独立させようと方向転換をはかり、朝鮮戦争の翌年の昭和二十六年（一九五一）九月に、ばたばたとサンフランシスコ講和条約が成立することになるのである（条約の発効は昭和二十七年四月二十八日）。

◉ソ連反対、アメリカのご都合主義で成立したサンフランシスコ講和条約

サンフランシスコ講和条約は、ありていにいえば、アメリカのご都合主義によって成

立したものであった。アメリカの本音としては、日本を共産主義の防衛線として西側陣営の砦《とりで》としたいという気持ちだったのだろう。もちろん、日本は悪い国ではないということを朝鮮戦争で実感として理解していたということもあるだろう。「信頼と友情の精神でできた」というようなコメントも残っている。

一方、日露戦争以来、確執《かくしつ》のあったソ連は、日本の潜在力を知るだけに、日本がアメリカ主導の下で講和条約を結び西側につくことを恐れた。そしてそれを阻止しようとサンフランシスコ講和条約に反対するように日本の左翼に命じた。

その命令を受けて、社会党も共産党も条約に署名《しょめい》しなかった。吉田茂《しげる》は、共産党はともかく社会党には署名してもらいたいと願ったが、社会党はスターリンの意図するところに従った。朝日新聞も岩波書店の雑誌『世界』もソ連を含む全面講和論を打ち出していた。南原繁《なんばらしげる》東京大学総長も全面講和を主張した。

日本が四十数か国と講和する中で、反対していたのはソ連とソ連の鉄のカーテンの中にいた東ヨーロッパの二、三か国のみであった。そのソ連側のわずか数か国のために講和をしないというのは実におかしな話だった。当時の吉田茂首相が南原総長のことを「曲学阿世《きょくがくあせい》の徒《と》」と評したのは有名な話である。

その頃、私がいちばん尊敬したのは、雑誌『文藝春秋』に書かれた小泉信三《しんぞう》先生の立論だった。それは「全面講和するためにはアメリカとソ連の話がつかなければならないが、その見込みはない。全面講和を待っていると、日本はずっと占領されたままになるが、それでもいいのか」という主旨であった。私はこの意見に感激して小泉先生に手紙を書き、返事をいただいたこともあった。

◉講和条約締結と同時に、東京裁判の判決は実質的に無効となった

サンフランシスコ講和条約を結んだことによって、日本は独立を回復した。それと同時に、東京裁判の判決は実質的に無効となった。

無効になった根拠とは何か。まず国際的には、サンフランシスコ講和条約第十一条に、「日本国は、極東軍事裁判所並びに日本国内及び国外の他の連合国戦争犯罪法廷の裁判（諸判決・渡部注）を受諾《じゅだく》し、且《か》つ、日本国で拘禁《こうきん》されている日本国民にこれらの法廷が課した刑を執行するものとする」という条項があったが、同じ十一条の後半において、「これらの拘禁されている者を赦免《しゃめん》し、減刑し、及び仮出獄させる権限は、各事件について刑を課した一又は二以上の政府の決定及び日本国の勧告に基《もと》づくの外、行使することができない。極東軍事裁判所が刑を宣告した者については、この権限は、裁判所に代表者を出した政府の過半数の決定及び日本国の勧告に基くの外、行使することができ

ない」とある。

これは、日本政府が発議をして関係諸国の同意を得れば諸判決を変えてもいい、といっているのである。そこで日本政府は関係諸国と交渉して、東京裁判の諸判決をすべて無効にしたわけである。それによって、A級も含めて戦犯は国内国外ともになくなり、巣鴨《すがも》プリズンに収監されていたA級戦犯も昭和三十一年（一九五六）に全員釈放《しゃくほう》されることになった。

日本国内でも昭和二十七年（一九五二）六月九日の参議院本会議に「戦犯在所者の釈放等に関する決議」が提出され全員一致で可決されたのを皮切りに、同十二月九日には衆議院本会議において「戦争犯罪による受刑者の釈放等に関する決議」が可決、翌年八月三日の衆議院本会議では「戦争犯罪による受刑者の赦免に関する決議」が可決、三十年七月十九日の衆議院本会議で「戦争受刑者の即時釈放要請に関する決議」がなされ、戦争犯罪人とされた人たちの名誉回復がはかられた。

そのわかりやすい例を挙げるならば、一つは東條内閣の大蔵大臣、北支那《きたしな》開発会社総裁、東京裁判ではA級戦犯で有罪、終身禁固の判決が下った賀屋興宣《かやおきのり》は昭和三十一年に釈放された後、池田内閣の法務大臣になっている。

また、東條内閣の外務大臣で大東亜《だいとうあ》会議主宰《しゅさい》、東京裁判ではA級戦犯で有罪、禁固七年の判決が下った重光葵《しげみつまもる》も釈放後に鳩山内閣の副総理兼外務大臣として復帰した。のみならず、重光は日本が国連に加盟するときに日本代表として国連総会に出席し、「日本は東西の架《か》け橋になる」という名演説を行って喝采《かっさい》を浴び、その使命を終えて日本に帰ってすぐ亡くなると、国連は黙禱《もくとう》を捧げたと伝えられている。

かくのごとく、すべての戦犯は国内外においていなくなったわけである。「靖国《やすくに》神社にはA級戦犯が合祀《ごうし》されているから」という理由で総理大臣が参拝に行くと激しく批判されるが、これもおかしい。すでに日本にはA級戦犯は存在しないのである。総理大臣はその理由をはっきりと述べ、堂々と参拝すればいい。むしろそういう機会を利用して、東京裁判の誤り、あるいはサンフランシスコ講和条約第十一条の中身を国民に知らしめる努力をするべきであると思う。

ところが、一九八二年の中頃、外務省の国賊的無知か、あるいは中国がらみの謀略によって、サンフランシスコ講和条約発効後も日本は中国に対する東京裁判の判決は有効であるという閣議決定がなされ、そのまま今日に至っている。当時の内閣総理大臣は自民党の中曽根康弘《なかそねやすひろ》氏だが、そのときの政府の外務委員であった小和田恆《おわだひさし》氏が社会党の土井たか子氏の質問に応えて、そのような趣旨のことをいったのである。そのために、中曽根内閣以来、教科書の記述や靖国神社参拝など、中国や韓国から文句が出ると何でも謝るという習慣ができてしまった。言うまでもなく、これは大いに日本の国益を損ねる結果となっている。日本はもう一度、サンフランシスコ講和条約に戻り、その意味するところを共有する必要があるといえるだろう。

◉占領軍が行った、文明国が決して行わなかった政策とは？

サンフランシスコ講和条約の締結によって日本の独立は回復されたわけだが、そこに至るまでに占領軍は日本を民主化するという名目で伝統文化の破壊工作を行った。

占領軍は、第一次大戦までに戦勝国となった文明国が決して行わなかった政策を行った。その一つは「神道指令《しんとうしれい》」であり、これは宗教に関する干渉である。一六四八年のウェストファリア条約以来、相手国の宗教には口を挟《はさ》まないというのは了解事項になっているが、この神道指令はそれを破った唯一の例といってよい。そしてもう一つは「教育改革」で、具体的には教育勅語の教育現場からの追放、アメリカ教育使節団の勧告に基づく諸政策である。これらは日本人から歴史と国民的誇りを奪うものであった。

アメリカは、日本のような天然資源もない「持たざる国」がなぜ近代戦を戦えたのかと分析し、「その源は日本精神にある」という答えにたどり着いたのである。その「日本精神」を破壊するために、勝者が敗者を裁くという公平性の全くない東京裁判で、

「戦前の日本は悪い軍国主義で、侵略国家である」と決めつけた。そして日本に戦争責任のすべてをなすりつけ、日本人に自分たちが悪かったという負の意識を徹底的に刷り込んだ。いわゆる「東京裁判史観」である。

それと並行して、昭和二十一年（一九四六）に公職追放令を公布し、政治・経済・学問等の重要ポストについていた立派な人たちを戦争に協力したという理由で一斉に追放した。これは対象者が二十万人にものぼる大がかりなものだった。

その空席に入り込んだのが、共産党あるいは左翼シンパであった一群の人々であった。私はこれらの人々を「敗戦利得者」と呼んでいるが、戦後、日本が負けたことを利用して重要な地位を占めた人たちがたくさんいるのである。なぜ共産主義を嫌悪するアメリカが共産党や左翼の進出を許したのかと疑問に思うかもしれないが、当時はGHQの中にコミンテルンの指示で動くような人たちが相当数交じっていたのである。

このような「敗戦利得者」たちが日本中に亡国的な「東京裁判史観」をばらまいていった。例えば学問の分野でいえば、左翼的な思想を持つ人が大学教授や総長となり、東京裁判史観をもとに多くの弟子を育て上げた。その弟子たちが日本全国の大学に散らばり、今度はそこで反日的な思想を教え込まれた無数の教員が生まれて教育現場に出て行くことになった。その教員たちが全国の小・中・高校で子供たちを教えていくわけだから、あっという間に東京裁判史観は日本全国に広がることになってしまったのである。

すなわち、そうした人々は日本を戦争に駆り立てたのは戦前の教育が悪かったからだと信じ込み、「日本を民主主義国家にする」という名目のもとに戦前までの日本を完全に否定し、日本人は戦争で悪事を働いたという東京裁判史観によって戦後の日本人を洗脳していったのである。

しかし、本当に戦前の日本に民主主義はなかったのか。ポツダム宣言の第十項にはこうある。

「日本国民ノ間ニ於《オ》ケル民主主義的傾向ノ復活強化ニ対スル一切ノ障礙《ショウガイ》ヲ除去スベシ」

すなわち、明治憲法の下で日本に民主主義的傾向のあることを認めているのである。

しかし、占領軍として日本にやって来たアメリカは、これを全く無視して教育改革を行っていったのである。

しかもその内容はひどいものであった。アメリカの幼稚園、小学校では必ず毎日、胸に手を当てて唱えさせている言葉がある。それはひとことで言えば「国旗と国家に忠誠を誓います」という内容の言葉である。アメリカは国家に対して国民が忠誠を誓うことを最も重要視しているのである。

ところが、この自国を称《たた》えて忠誠を誓うという行為をアメリカは教育改革によって徹底的に日本から排除した。その結果、日本では長く学校に国旗掲揚のできない状態が続き、国歌である「君が代」も歌うことができなかった。「日の丸・君が代」は軍国主義の象徴とされたのである。そして、公立学校の教師という公務員が、公式の場において国旗国歌に対して敬意を表さないという異常な光景が見られるようになってしまった。

平成十一年（一九九九）八月十三日に「国旗及び国歌に関する法律（国旗国歌法）」が制定され、「日の丸・君が代」はそれぞれ日本の国旗国歌として認められたが、本来であれば、このような当たり前のことを法制化すること自体がおかしい。しかし、そうしなければ収拾がつかないほど、戦後の教育は荒廃してしまったのである。

こうした亡国の連鎖を根本から断ち切るためには、どうしても東京裁判史観というものから抜け出さなくてはならない。

◉占領下の日本で日本国憲法は成立したという、忘れてはならない事実

東京裁判を考えるときに非常に重要なことは、裁判が占領下の日本で行われたという点である。そのとき、日本には主権がなかった。日本が主権を回復するのはサンフランシスコ講和条約が発効する昭和二十七年（一九五二）四月二十八日であるから、敗戦から約七年間、日本はＧＨＱ（連合国軍総司令部）の占領下にあったことになる。

また、日本には戦後、新しい憲法が制定されたが、それが公布されたのは昭和二十一年（一九四六）十一月三日、施行されたのは二十二年（一九四七）五月三日である。つまり、新憲法は占領下で成立したことになる。さらに、東京裁判の判決が出るのが二十三年（一九四八）十一月十二日だったわけだから、当時は日本に憲法があったにもかかわらず、その憲法によらずして日本国内で日本人を死刑にする権力（＝GHQ）が存在したことになる。

しかし、そもそも憲法とは主権の発動そのものである。どうして主権のない日本で主権の発動である憲法ができたのか。これは占領軍から「憲法をつくれ」という命令が下ったからである。それだけならまだしも、草案を押し付けられたうえ、日本人の手によるものであると偽装するために「憲法草案委員会」までつくらされた。もちろん、そこで日本人の主張が憲法に反映されることはなかった。占領軍の原案をそのまま日本語に置き換えただけだったのである。

その中身は全く非常識なものであった。日本国憲法前文には、「日本国民は、恒久の平和を念願し、人間相互の関係を支配する崇高《すうこう》な理想を深く自覚するのであって、平和を愛する諸国民の公正と信義に信頼して、われらの安全と生存を保持しようと決意した」（傍点・渡部）と記されている。例えば、モナコがフランスに安全を委《ゆだ》ねるように、小国が大国と同盟を結ぶときに安全を委ねるということはあるだろうが、他国を信頼して生存を委ねるなどという馬鹿な国は世界中に一つもない。国民を生かすも殺すも他国に委ねるというのである。この部分だけを読んでも、「これは憲法ではありません」といっているに等しい。

また、戦争放棄をうたった第九条にしても、日本の憲法が、アメリカ軍の日本駐留を前提としてつくられていることを忘れたふりをして議論するから、その下心が透けて見えてくるのである。そのためかえって周辺国の横暴を招く結果になっている。北朝鮮による拉致《らち》やミサイル問題、ロシア、中国、韓国との領土問題などにおいて日本が譲歩を強《し》いられている根底に第九条の縛《しば》りがあるのを見逃してはならないと思う。第九条を信奉する人々は、これがあったから日本は終戦から六十年以上平和だったと主張するが、決してそうではない。日本が平和だったのは日米同盟があり、米軍が日本に駐留していたからである。それを知りながら気づかないふりをして第九条のみを神聖視するのは滑稽《こっけい》な話である。

占領下の日本では一つとしてＧＨＱの命令、許可、認可、示唆なしにできたものはなかったのである。憲法だけではなく、教育基本法も、その他の法律もすべてそうである。

本来であれば、日本が独立を回復したときに、占領下でつくられたすべての法律は無効であると宣言し、もう一度日本人の主権のもとでつくり直すべきであった。その結果として、同じものができあがってもよいのである。その手続きを怠ったために、日本では戦後の長い間、不毛な対立と混乱が繰り返されることになったのである。

◉大規模な「安保反対」に臆せず日米安保条約を締結した岸首相の判断

日本は戦後、瞬く間に復興を果たし、目覚ましい経済成長を遂げて再び世界の大国の仲間入りを果たした。それは日本人が培ってきた勤勉努力、創意工夫の精神が発揮されたためにほかならない。それと同時に、日米安全保障条約の締結によって防衛という国家が最も重視するべき部分の多くをアメリカに委ねることで、経済に全精力を注げるようになったことも大きな理由として挙げられるであろう。

日米安全保障条約というと、昭和三十五年（一九六〇）、岸信介《きしのぶすけ》首相のときに巻き起こった「安保闘争」を思い出すかもしれないが、あれは改定安保条約に反対するデモであった。改定される前の安保条約というのは、昭和二十六年（一九五一）のサンフランシスコ講和条約と同時に吉田茂首相が署名したものである。

このときの条約は、アメリカに日本を防衛してくれと頼み込むような形で結ばれたもので、アメリカの言い分が主となっている。例えば、東アジア全般の安全を保障するといっても日本を防衛する義務はなく、日本にアメリカの基地を置きほぼ自由に使用できる、それによって日本の安全も保障されるというような内容であった。

それに対し岸信介首相は、昭和三十二年（一九五七）にアメリカを訪問した際、「日米新時代」といい、占領・被占領の関係ではなく、平等な立場で軍事同盟を結ぶという立場を取った。一方、アメリカにとってもソ連との冷戦に対抗するため、日本の力を必要としていた。その当時、アメリカのアイゼンハワー大統領と岸首相がゴルフをする写真が新聞に掲載されたことがあった。その姿を見て、初めて日本とアメリカは平等になったのだと実感したものである。

しかし、日本とアメリカが同盟を結べばソ連にとっては強大な敵が生まれることになる。それを防ぐために、露骨なまでの「安保反対」運動が始まった。ソ連が直接日本に対して圧力をかけてきただけではなく、日本共産党を通じて安保改定に反対を続けた。社会党も中国共産党の関係から改定安保条約の反対に回った。また、学生たちは全学連（全日本学生自治会総連合）を結成して反対のデモを行った。そのうえ、自民党の中の「反岸」勢力も改定安保条約をめぐって割れていた。このような状況から大規模デモが巻き起こったのである。

デモ隊は国会議事堂の前に押し寄せた。あまりにも激しいデモに閣僚たちは避難し、議事堂の傍の首相官邸には岸首相と弟の佐藤栄作《えいさく》氏しかいなかった。警視総監が安全を考慮して首相官邸から立ち去るように岸首相に要請すると、岸首相は「ここから立ち去ったら、どこが安全なのか。首相が官邸を去って他のところで殺されたらみっともないではないか。やられるならここでやられる」といって、佐藤氏とブランデーを飲んでいたという逸話が残っている。

結局、岸首相は自らの信念を貫き通し、昭和三十五年（一九六〇）一月、改定安保条約に調印し、六月に成立することになるのである。それから後の日本は、今日に至るまでアメリカとの同盟関係を背景として、高度成長を遂げ、平和の中で繁栄を築き上げた。この結果を見れば、岸首相の決断が正しかったことは明白であろう。

◉日本の経済・技術協力なくしてはありえなかった韓国「漢江の奇跡」

日本は昭和四十年（一九六五）、韓国との間に日韓基本条約を締結した。当時の韓国は朝鮮戦争で疲弊《ひへい》し、一人あたりのGNPはアフリカ諸国並みで世界の最貧国に位置づけられるような惨憺《さんたん》たるありさまだった。この状況をなんとか解決するべく立ち上がったのが朴正熙《ぼくせいき》大統領だった。「維新革命」をスローガンに掲げた朴大統領は、日本の明治維新を参考に国土の改革をめざした。

　朴大統領は、日本人のつくった小学校で学び、日本人教師のすすめで授業料のいらない師範学校に学び、さらに満洲国軍官学校から日本陸軍士官学校に編入して優秀な成績で卒業した。そのため、日本近代史を熟知し、韓国併合に至った歴史も、その統治の実態もよく知っていたし、韓国を困窮から救い、立て直すには、日本に学び、日本に倣《なら》うのがいちばんの近道だと考えていた。同時に日本の経済援助と技術援助が絶対に必要だと信じていた。

　条約の締結までにはさまざまな議論があったが、日韓の歴史をよく知る朴大統領は、韓国が植民地の謝罪や損害の賠償などを要求できる立場にないことをよく知っていた。また、日本軍人でもあった大統領の意識の中には、強制連行された従軍慰安婦《じゆうぐんいあんふ》などいなかったから、これは議論にものぼらなかった。そのため、日韓基本条約の締結によって日韓間の過去の問題は決着とし、決して蒸し返さないと明記された。それを受けて日本も、経済・技術協力を約束し、日韓双方の請求権は「完全かつ最終的に解かれた」と条約に明記したのである。

　日本の経済協力は、当時のお金で無償供与三億ドル、政府借款《しやつかん》二億ドルにのぼる。一ドル＝三百六十円の時代で、日本人の初任給が今の十分の一くらいの頃だから、これは莫大な金額だった。

この日本の経済協力があって、韓国は「漢江の奇跡《きせき》」と呼ばれる復興を果たした。そして現在の韓国は、先進国の仲間入りをするまでに成長発展している。これは日韓基本条約と、それに伴う日本の経済・技術援助なしには絶対に考えられないことであった。

一方、朝鮮戦争以後、共産圏に組み込まれた北朝鮮とは、現在もまだ国交回復が成し遂げられていない。それどころか、一九七〇年代から八〇年代にかけて多数の日本人を極秘裏に拉致《らち》していたことが判明し、大問題となった。二〇〇二年に平壌《ピョンヤン》で行われた日朝首脳会談の席で北朝鮮は拉致の事実を認め、その結果、五人の被害者の方たちが帰国を果たし、二〇〇四年にはその家族が帰国することになったが、まだ所在不明（北朝鮮側は死亡と説明）の多くの拉致被害者が残されていると考えられている。

このほかにも、北朝鮮は日本海に向けてミサイルを撃ち込み、国際社会の警告を無視して核開発を行うなどして孤立の度合いを深めている。経済は破たん状態に近いとみられ、自然災害による凶作から、農村部では餓死する国民も少なくないと報じられている。

現在、六カ国協議という枠組みの中で北朝鮮を国際社会に復帰させようとする動きがあるのはご承知のとおりだが、これも先行き不透明な状態である。東アジアの安定をはかるために北朝鮮の核開発を中止させることは非常に大きな課題である。同時に日本にとっては、拉致問題の決着を早急に果たすことが重要課題となっている。

◉日本の将来に禍根を残した民主党政権

平成二十一年（二〇〇九）九月、自民党から民主党へ政権交代が行われた。総理大臣に就任したのは鳩山由紀夫《はとやまゆきお》氏。政権発足当時の国民からの支持率は七〇％を超えた。しかし、民主党の掲げたマニフェストが実現不可能であると国民が気づくのにそれほど時間はかからず、政権への期待はみるみるうちにしぼんでいった。

とりわけ、沖縄の普天間《ふてんま》基地移設問題は、戦後日本の安定と平和を保障してきた日米同盟の根幹にかかわる問題であり、大きな波紋《はもん》を呼んだ。県外移設という鳩山政権の約束は二転三転し、結局は自公政権時にアメリカと取り交わした辺野古《へのこ》移設に逆戻りした。この間の迷走ぶりに、アメリカは鳩山氏を「ルーピー（いかれた奴）」と揶揄《やゆ》した。結局、この移設問題が尾を引き、そこに自身の政治資金問題が重なって、鳩山総理は政権発足八か月にして辞任するに至った。

鳩山氏辞任の後を受けて総理大臣に就任したのは菅直人《かんなおと》氏であったが、こちらも就任から三か月経った平成二十二年（二〇一〇）九月七日に起こった尖閣《せんかく》問題を機に内閣支持率を落とした。ご存じのように、これは尖閣諸島付近で違法操業していた中国漁船に海上保安庁の巡視船が退去を命じたところ、いきなり体当たりしてきた事件である。海上保安庁は船長を公務執行妨害容疑で逮捕し、那覇《なは》地検で取り調べをはじめると、中国政府は丹羽宇一郎《にわういちろう》大使を連日連夜呼び出し、日本側の主権に基づく司法措置に強硬に抗議を繰り返した。また、中国本土にいた日本のゼネコン準大手「フジタ」の社員四人の身柄を不当に拘束《こうそく》し、さらにはレアアースの日本への輸出をストップさせた。そのときのビデオは明らかに日本側の主張の正しさを証明するものであったが、その全部はいまだ公開されていない。

これに対し、日本の国内世論は沸騰したが、菅政権は突然、「日中関係を考慮した沖縄地方検察庁の判断」という理由をつけて、取り調べ中の船長を処分保留のまま釈放《しゃくほう》してしまった。真相は、親中派の仙谷由人《せんごくよしと》官房長官（当時）が沖縄地検に圧力をかけて釈放を命じたものと考えられている。

しかし、この安易な解決策は日本の安全保障に対する弱腰を国際社会に見せつける結果となった。実際、この二か月後の十一月一日にはロシアのメドベージェフ大統領がロシアの歴代指導者として初めて北方領土の国後島《くなしり》を訪問するという示威《じい》行為に出た。菅首相は抗議の声明を出したが、それで北方領土問題が進展するわけもなく、むしろ外交関係を悪くしただけで終わってしまった。

また、翌年の三月十一日には東日本大震災が起こり、未曾有《みぞう》の惨事《さんじ》となった。地震による津波の影響で起こった福島の原発事故は、今日（平成二十六年六月）もなお収束に至っていない。この問題の重要性を改めて見てみることにしよう。

マグニチュード9・0という大きな地震と千年に一度といわれる津波に襲われて、福島第一原発は電源喪失し、その結果、水素爆発を起こすという事態に陥《おちい》った。事後に問題となったのは、「天災による被害は国家が補償する」という法律があったにもかかわらず、東京電力がこの法律に従わなかった点である。当時、東京電力の会長だった勝俣《かつまた》恒久《つねひさ》氏は株式総会でそういう選択肢もあることを明言しながらも、それを選ばず、東電が補償をすべて背負いこむ道を選んでしまった。

もし東電がこのとき国家賠償を求めていたら、次のことが明らかになったはずである。

原発事故による放射線で亡くなった人も、放射線で病気になった人も、一人もいない。これから病気になりそうだという人も、今の時点で一人も報告されていない。あの事故で多くの人が亡くなっているが、それは菅《かん》政権によって強制的に移動させられたことによるストレスが引き起こした神経的あるいは肉体的な結果によるものといってよいと思われるのである。

そして、これがはっきりしていたら、その後の問題も速《すみ》やかに解決していたはずである。なぜならば日本は、広島・長崎の原爆後の被爆者に対する外国人研究者も参加した国際的な調査結果を持っている。たとえば、広島の原爆の爆発時の放射線量は福島の事故の千七百万倍とも推定されている。にもかかわらず、その後数十年続けられた広島に住む人々を対象にした研究調査によれば、被爆者の癌《がん》発生率はそれ以外の人よりも低く、また異常児の出生もとくに認められないという結論が出ている。これはチェルノブイリの原発事故に関する調査でも似たような結果になっている。

しかし、今回こうした調査結果は国民に広く知らされなかった。外国の専門家たちは除染《じょせん》などは愚行であって止めるべきだといっているが、それは今も続いている。これを初めとして種々の点において利権になるようなことばかりが多く、本来の復興を妨《さまた》げている。それは広島や長崎の復興と比べれば明らかで、実に嘆《なげ》かわしいことである。正しい情報が知らされていれば、極めて速やかに復興が成し遂げられていたはずなのである。

なぜこうなったかについては、一にかかって菅政権の責任である。菅氏は若い頃から反政府デモを行い、資本主義に対する敵意を持っていた。そのため資本主義の牙城《がじょう》ともいわれる東電に対して厳しい態度をとるのは当然であったし、他の原発に対しても即時停止を要請した。いずれも止める必要がなかったことは今では明らかであると考えられるが、電力各社は総理の要請に応じた。さらに菅氏は停止した原発が容易に再稼働できないように原子力規制委員会を作ったうえ、もとから原発に反対意見を持つ人をメンバーに選んだ。

原発を止めてしまえば、今の日本で原発に代わるべきエネルギー源は火力電力しかないが、火力発電はエネルギーのもとを輸入しなくてはならない。これに毎日百億円以上のお金が投じられている。つまり、年間三兆六千億円程度の無駄が生じているのである。これは普通の無駄遣いとは違う。日本国内で無駄な公共事業をやってもそれは働く人の収入になるが、化石燃料購入の増加はお金をどぶに捨てているようなものである。

幸いなことに安倍晋三内閣になって、原発をベースロードにするという方針が打ち出されたが、いまだ世論は非科学的な原発への危険意識が強く、なかなか思った方向に進んでいかない。これは菅政権が残した日本に対する重大な損害である。

菅氏を引き継いで総理となったのは同じ民主党の野田佳彦《よしひこ》氏であった。野田氏は松下政経塾の出身者であり、自民党とそれほど変わらない考えの人だと思われていた。しかし総理になってみると、民主党の方針に従わざるを得なくなったようだ。短期間で独自色を出すのは難しかった面もあるのだろう。ただ遺憾《いかん》なことは、韓国に対するおもねりの外交を続けたことである。返す必要のない「朝鮮王室儀軌《ぎき》」を返還して、かえって韓国の無茶な要求に火をつけるようなことをしてしまった。

その後、平成二十四年（二〇一二）十二月に行われた衆議院議員総選挙で民主党は大敗して自民党が政権に返り咲いたが、鳩山・菅・野田の民主党政権時代は、日本の将来の発展に大きな禍根《かこん》を残したという点で長く記憶されることになるであろう。

◉第二次安倍政権の誕生と憲法改正問題の決着のつけ方

自民党は、平成二十四年秋の自民党総裁選で勝利した安倍晋三《あべしんぞう》氏のもと総選挙を戦い、圧倒的な勝利を収めた。これによって第二次安倍内閣が誕生することになった。安倍氏は第一次政権時代に「戦後レジームからの脱却」という方針を掲げ、教育基本法の改正に手をつけたが、今回はそのような明確な方向性を打ち出さなかった。これはおそらく「戦後レジームからの脱却」という方針がアメリカの占領政策を根本から覆《くつがえ》すことに結びつくため、十分に時間をかける必要を感じてのことではないかと思われる。

第二次安倍政権になってとくに騒がしくなったのは、いわゆる従軍慰安婦《じゅうぐんいあんふ》の問題である。日本軍による慰安婦の強制連行については、根拠がないにもかかわらず、コリア系、チャイナ系を中心とする反日団体がアメリカで活発なロビー活動をし、アメリカを通じて世界に発信しつつある。これは日本にとって憂慮すべき問題である。それが真実ではないということを明確に世界に浸透させせなければならない。

その最も簡単な方法は、強制連行を認める発言をした当時の政権の責任者であった河《こう》野洋平《のようへい》氏が「自らの調査不足による間違いであった」という趣旨の証言をすることであるが、本人にその気はないようである。だが、この問題を放置しておくと、根拠のない恥を日本人の子々孫々にまで残すことになる。なんとしても払拭《ふっしょく》しなければならない。

また現在、憲法改正問題が注目されている。当初、安倍総理はまず96条を改正して、改正手続きを緩和するところから入ろうとしたようだがうまくいかなかった。実際、このやり方の良し悪しについてはいろいろな意見があるだろう。

私の意見をいえば、今の憲法に賛成しないという意味においては改憲派と同じだが、考え方はもっと根本的である。忘れている人も多いと思うが、戦後の新憲法は、日本の占領が二十五年から五十年程度続くという前提のもとで占領軍の間接統治の基本方針として規定されたのである。その性格からいえば、占領政策基本法というべきものであった。そのため、できあがるまでにわずか一週間ほどの時間しかかけていないうえに、そこには素人も加わっていた。新憲法の策定に日本人が積極的に賛成することもなかったし、日本人の意見が反映されることもなかった。日本人が成し得たのは、せいぜい翻訳に多少の膨《ふく》らみを持たせる程度のことだった。

これが占領政策基本法のようなものであったことは、憲法前文を読めばわかる。そこに「平和を愛する諸国民の公正と信義に信頼して、われらの安全と生存を保持しようと決意した」とあるが、国民の安全や生存を外国に任せるような憲法は世界に一つとして存在しない。世の中に主権の発動でない憲法などありえないのである。これは明らかに占領者が被占領者に与えたものである。非常にわかり切った話なのだが、それが国民に十分に理解されていないのが現状である。

このような状況の中で現憲法を変えるのは容易ではないが、歴史を見ていると、変化は突然やってきて、思いもよらない方向に進む場合があるのである。たとえば、黒船がやって来て外国にどう対処するかとなったとき、最も無難かつ筋が通った意見は、公武合体によって主だった大名が公家を加えて幕藩体制で政治を執《と》り行うという考え方であった。

ところが、桜田門外で幕府の大老《たいろう》井伊直弼《いいなおすけ》が脱藩浪士たちに江戸城の前で殺害される事件が起こり、また公武合体を後押ししていた孝明《こうめい》天皇が急に亡くなるなど慌ただしく時代が動く中、最も可能性の薄かった王政復古に向かう。そして明治四年（一八七一）に廃藩置県が行われ、大名がなくなるという誰も考えなかった事態に至ったのである。

今すぐそうした大変革が起こる可能性はないだろうが、いつどのような環境の変化があり、いつどのようなリーダーが出てくるかは誰にもわからない。時が来れば必ず原則に戻ることを歴史は証明している。日本人が皇室廃止を望むのならば話は別だが、皇室を残すとするならば、必ず原則である明治憲法に戻って、そこで日本国民が関与した憲法が生まれることになるのではないかと思うのである。

今も述べたが、新しい憲法を作るためには、原則として明治憲法に返り、明治憲法の改正規約に従って新憲法を承認するという手続きが必要なのである。明治憲法による憲法改正は非常に簡単であり、三分の二以上の国会議員が出席した議会の三分の二の賛成があればいい。それを天皇が了承すれば簡単に改正できる。であるから、あらかじめ国民の合意を得た新憲法を作っておいて、それを国会で議決し、天皇に諮《はか》ってご承認をいただき、発布すればいいのである。

新憲法の条文は現憲法とほとんど変わらないようなものでもかまわない。大切なのは、日本人が新しい憲法を発布したという形にすることで、そのためにはたとえ一分間でもいいから明治憲法に返る必要があるのである。

いつかガッツのある首相が現われて（もちろんそれが安倍氏であることは望ましい）、「今までの憲法は日本人が作ったものではないし、明治憲法の改正規約に従ったわけでもない。占領軍が作ったものであるから廃止する」と宣言をし、日本人が明治憲法に返る日が来ることを私は期待している。

◉「われわれはどこへ行くのか」——そのヒントは自分の国の歴史にある

「われわれはどこから来たのか、われわれは何者か、われわれはどこへ行くのか」という問いが発せられるとき、その答えのヒントとなるもの、それが自分の国の歴史である。幸いにして日本には世界に誇れる歴史がある。この素晴らしい歴史を鑑《かがみ》として、今一度、誇り高き日本を取り戻さなくてはならない。それはこの時代を生きる日本国民全員に与えられた使命であると思うのである。

コラム◆教科書問題について

小・中学校の義務教育、および高校で用いられる教科書は文部科学省の検定に合格したものが使用される。しかし、その内容については社会科を中心に数々の問題が指摘されてきた。戦後設立された日教組（日本教職員組合）は戦争の反省を踏まえ、昭和二十六年（一九五一）に「教え子を再び戦場に送るな」というスローガンを採択した。しかし、この根底には国家を悪と見なし、愛国心を否定し、「根なし草、無国籍」教育を推進するという考え方が横たわっていた。

それが表面に浮かび上がり社会問題となったのが、昭和五十七年（一九八二）に起こった教科書検定誤報事件である。これは、高校の社会科教科書において日本軍による中国への「侵略」を「進出」と書き直させたとマスコミが報じ、中国・韓国から抗議を受けたものだが、全くの誤報であった。しかし、日本政府（鈴木善幸《ぜんこう》首相、宮沢喜一《きいち》官房長官）は両国政府に謝罪し、以後、検定基準に近現代史の歴史記述に必要な配慮を行うという「近隣諸国条項」を追加するに至った。

また、昭和六十一年（一九八六）には、高校の日本史教科書『新編日本史』が文部省の検定で合格した後、異例の修正を行った。教科書の記述内容に対して朝日新聞が批判記事を掲載し、中国・韓国が日本政府に抗議した結果、日本政府（中曽根康弘首相、後藤田正晴《ごとうだまさはる》官房長官）が修正に応じたのである。

この二つの事件により、中国・韓国による日本の教科書への干渉が恒常化し、教科書検定に内閣官房が口出しをするという事態を招いた。

こうした流れを受けて、平成八年（一九九六）には、すべての中学校歴史教科書に従軍慰安婦《じゆうぐんいあんふ》に関する記述が掲載されることになった。これは宮沢喜一首相のもとで加藤紘一《こういち》官房長官が慰安婦に関する資料の裏付けのないままに日本政府の関与を認め、その後、河野洋平官房長官が証拠のないままに慰安婦の強制連行を事実上認める謝罪の談話を発表したことによるものであった。

このようにして日本の歴史教科書は自虐的な東京裁判史観に塗り固められてしまった。これに対し、歴史や公民の常識を取り戻すことを目的として、教科書を正常化しようという動きが現れてきた。

また、平成十八年（二〇〇六）、安倍晋三首相による教育基本法の全面改定で「公共の精神の尊重」や「伝統文化の継承」などが重視されることになり、それに伴って学習指導要領が改訂された。その結果、最新の教科書では、検定に合格した教科書に、北方四島、竹島、尖閣諸島を日本固有の領土とする記述が見られるなど、従来の記述内容の是正がはかられたものの、いまだにその大多数は、東京裁判史観から脱しきれていない。いま日本の未来を担う若者たちの手に、日本を誇りに思えるような教科書を届けることが求められているのである。

※本書は『決定版・日本史』（二〇一一年七月刊・育鵬社）をもとに、その後の政権交代などを踏まえて加筆・改題された、『［増補］決定版・日本史』（二〇一四年八月刊・扶桑社文庫）を新書版で刊行するものです。

渡部昇一（わたなべ しょういち）

1930年10月15日、山形県生まれ。上智大学大学院修士課程修了。ドイツ・ミュンスター大学、イギリス・オックスフォード大学留学。Dr.phil.(1958)、Dr.Phil.h.c(1994)。上智大学教授を経て、上智大学名誉教授。その間、フルブライト教授としてアメリカの４州６大学で講義。専門の英語学のみならず幅広い評論活動を展開する。1976年第24回エッセイストクラブ賞受賞。1985年第１回正論大賞受賞。英語学・言語学に関する専門書のほかに『知的生活の方法』（講談社現代新書）、『古事記と日本人』（祥伝社）、『渡部昇一「日本の歴史」（全８巻）』（ワック）、『知的余生の方法』（新潮新書）、『決定版 日本人論』『人生の手引き書』『魂は、あるか？』『終生 知的生活の方法』（いずれも扶桑社新書）、『「時代」を見抜く力』（育鵬社）などがある。2017年４月17日逝去。享年86。

扶桑社新書　350

［増補］決定版・日本史

発行日 2020年10月１日　初版第1刷発行
2023年11月10日　第7刷発行

著　者………渡部 昇一
発行人………小池 英彦
発行所………株式会社 育鵬社
〒105-0023 東京都港区芝浦1-1-1 浜松町ビルディング
電話 03-6368-8899（編集） http://www.ikuhosha.co.jp/
株式会社 扶桑社
〒105-8070 東京都港区芝浦1-1-1 浜松町ビルディング
電話 03-6368-8891（郵便室）
発　売………株式会社 扶桑社
〒105-8070 東京都港区芝浦1-1-1 浜松町ビルディング
（電話番号は同上）

ＤＴＰ制作………株式会社 明昌堂
印刷・製本………中央精版印刷株式会社

Printed in Japan　ISBN978-4-594-08614-5
本書のご感想を育鵬社宛てにお手紙、Ｅメールでお寄せ下さい。
Ｅメールアドレス　info@ikuhosha.co.jp